価値づくりの教科書

個人・小さな会社のための ブランディング

村本彩

irodori Branding

SOGO HOREI PUBLISHING CO., LTD

ブランディングとは、価値を生み出し、人々に伝えていくことです。

どんなに良いものでも、
似ているものがあれば
埋もれてしまいます。

どんなに特別なものでも、
お客さまに知らせることが
できなければ売れません。
CRAFT
BEER

どんなにたくさん認知されても、
お財布を開いてもらうまでには
高いハードルがあります。
CRAFT BEER

どのように独自の価値を生み出し、
お客さまへ伝え、
購入へと導くのか。

そのすべてに 自分らしさ が必要不可欠なのです。

はじめに

ブランディングがすべてを解決する

「売り上げが安定しない」
「集客したいけど、広告費はかけられない」
「どんな商品・サービスをつくればいいかわからない」
「ニーズはあるけど自分の心がついてこない」
「やりたいことが変わってきたけれど、売り上げが止まるから立ち止まれない」

こうした個人・小さな会社特有の悩みは、全部、「ブランディング」に取り組むことで解決します。

でも、ブランディングというと……

「自分を盛って、良く見せること」
「ブランドって高級品でしょ？　自分のビジネスとは関係なさそう」
「敷居が高そう。意識高い系の人がやるもの」

そんなイメージをお持ちではないでしょうか。

ブランディングは、盛ることでも、高級品を扱うことでもありません。誰にとっても必要な、ビジネスの本質に関わるものです。

ビジネスの本質とは、商品・サービスの価値をお金と交換すること。
そして**ブランディングとは、価値を生み出し、人々に伝えていくこと**です。
どんな価値を生み出せばいいかがわかれば、商品・サービスはおのずとできあがります。価値が伝われば、多額の広告費をかけなくてもお客さまは集まります。そして商品・サービスを手にとってもらえるようになり、売り上げも安定していくでしょう。

本書では、ブランディングというビジネス全体を左右する営みについて、「**価値**」

を切り口にお伝えします。

経営者や個人事業主、フリーランスなど、ビジネスを自分で切り盛りしている人にとって心強いノウハウになるはずです。

生み出した商品・サービスがきちんと売れるために

私はかつて、サントリーホールディングス株式会社でビール・チューハイ・リキュールなどのブランドを育てる仕事をしていました。「金麦」「カロリ。」をはじめとするたくさんの商品を担当してきましたが、そのなかには後悔の残る商品もあります。

それが、「The O.N.E」という、アルコール度数1パーセントのチューハイ。ほかの多くのチューハイはアルコール度数5パーセント以上ですから、かなり型破りな商品です。

The O.N.E は、「酔いすぎずにお酒を楽しむ」にフォーカスした商品でした。

お酒が好きな人でも、翌日の仕事に響かないようお酒を控えることはよくあると思います。ただ、ノンアルコールでは物足りないし、低アルコールチューハイでは甘い味が多くて口に合わない……。そんなニーズに応え、1パーセントでドライな味わいを実現したのがThe O.N.Eです。

1パーセントなのに、お酒らしい味をしっかり楽しめる。このコンセプトは発売前のPR段階でも非常に話題となり、テレビやYahoo!ニュースに取り上げられ、ヒットが期待されていました。

しかし、いざ発売してみると、まったく売れませんでした。

原因は、商品の価値をきちんと伝えられなかったことにあります。「人生は、たった1%で楽しくなる。」というメッセージを打ち出したのですが、1パーセントであるベネフィット、味わいの特徴まではうまく伝わらなかったのです。結果、The O.N.Eは発売からたった3カ月で販売終了となってしまいました。

どんなに個性的で素晴らしい商品であっても、「どうお客さまに価値を伝えるか」というブランディングのボタンを掛け違えるだけで、売れずに終わってしまう。この一件で、私はそう痛感しました。

せっかく生まれた商品が消えていくのは、もったいない。価値にスポットライトを当てることさえできれば、きっとたくさんの人に届いたのに。

こうした想いから、独立した今、私はブランディングを要としたコンサルティングを行っています。想いを持って生み出された商品・サービスが消えないよう、さまざまな人のビジネスについてスポットライトの当て方を考える仕事です。

商品・サービスの魅力をきちんと伝えるためには、どんな価値にスポットライトを当てればいいのか。その答えは、「**らしさ**」にあります。

本書を通して詳しくお話ししていきますが、商品・サービスが溢れる現代、そのクオリティだけでは差別化できません。**その売り手にしか提供できない、売り手らしい価値**。それが、お客さまにとってお金を払う判断基準になります。

なかでも、**個人や小さな会社の場合は商品・サービスと提供者の距離が近いからこそ、「自分らしさ」を活かすことがより重要になる**のです。

「自分らしさ」を活かすことで得られること

「自分らしさ」を活かすことで得られることは、ビジネス視点と生きがい視点の2つに分かれます。

まず**ビジネス視点**では、自分の強みや価値観を活かした商品・サービスを生み出すことで〝選ばれる理由〟が明確になり、自分だけの独自ポジションが確立していきます。同時に、自分自身も肩肘はらない等身大の自分、つまり「自然体」でいられるという利点があります。

その結果、自分らしくいるほどビジネスが育ち、集客が楽になる、売り上げが伸びる、顧客満足度が上がるといった好循環を生み出し、事業が安定していくのです。

これだけでも「自分らしさ」を活かすことで得られることは大きいですが、さらにもう一つ重要なのが**生きがい視点**です。

「自分らしさ」を活かすことで、自分を生きる喜びを感じやすくなり、心の充実や幸福感が広がります。努力が苦にならないので、自己実現もどんどん加速していきます。

自分らしさを活かすと得られる２つの視点

生きがい視点

自分を生きる喜び
心の充実･幸福感
努力が苦にならない
自己実現

内発的動機付け
挑戦･創造性が高まる
突き動かされる感覚
自己超越

ビジネス視点

強みや価値観の発揮
選ばれる理由の明確化
独自ポジションの確立
自然体でいられる

集客が楽になる
売り上げが上がる
事業が安定する
顧客満足度が上がる

その結果、内発的動機付け（自身の内側から湧き上がる興味・関心や向上心などによって動機付けられる状態）によって、挑戦意欲や創造性が高まり新たな価値創造へとつながります。次第に自分ではない何かに突き動かされているような、自己超越の感覚でビジネスを進めることができるのです。

ここまでくると、ビジネスというよりも「自分の生きざまを表現した1つの作品をつくる」という感覚のほうが近いかもしれません。

そんな感覚でビジネスをしていけたら、これ以上幸せなことはない。そう思いませんか？

「自分らしさ」が価値になる

コンサルティングをしていると、つぎのような相談をいただきます。ビジネスを自分で営んでいる多くの人にとっても、身近な悩みではないかと思います。

「自分のやりたいことをビジネスにしてみたけど、なかなか売れない！」
「自分のやりたいことよりも、
人から求められることを提供したほうがいいのかな？」

こういうときも、まずは「自分らしさ」を優先することが大事だとお伝えしています。そうしないと、ビジネスはただ苦しいだけのものになってしまうからです。
ただしもちろん、想いがあっても売り上げが伴わなければビジネスは継続できません。
「自分らしさ」を活かしたうえでしっかり売れるためには、「お客さまの気持ちをきちんと捉えられているか」という視点が必要です。**「自分らしさ」とお客さまの気持**

ブランドの概念の変化

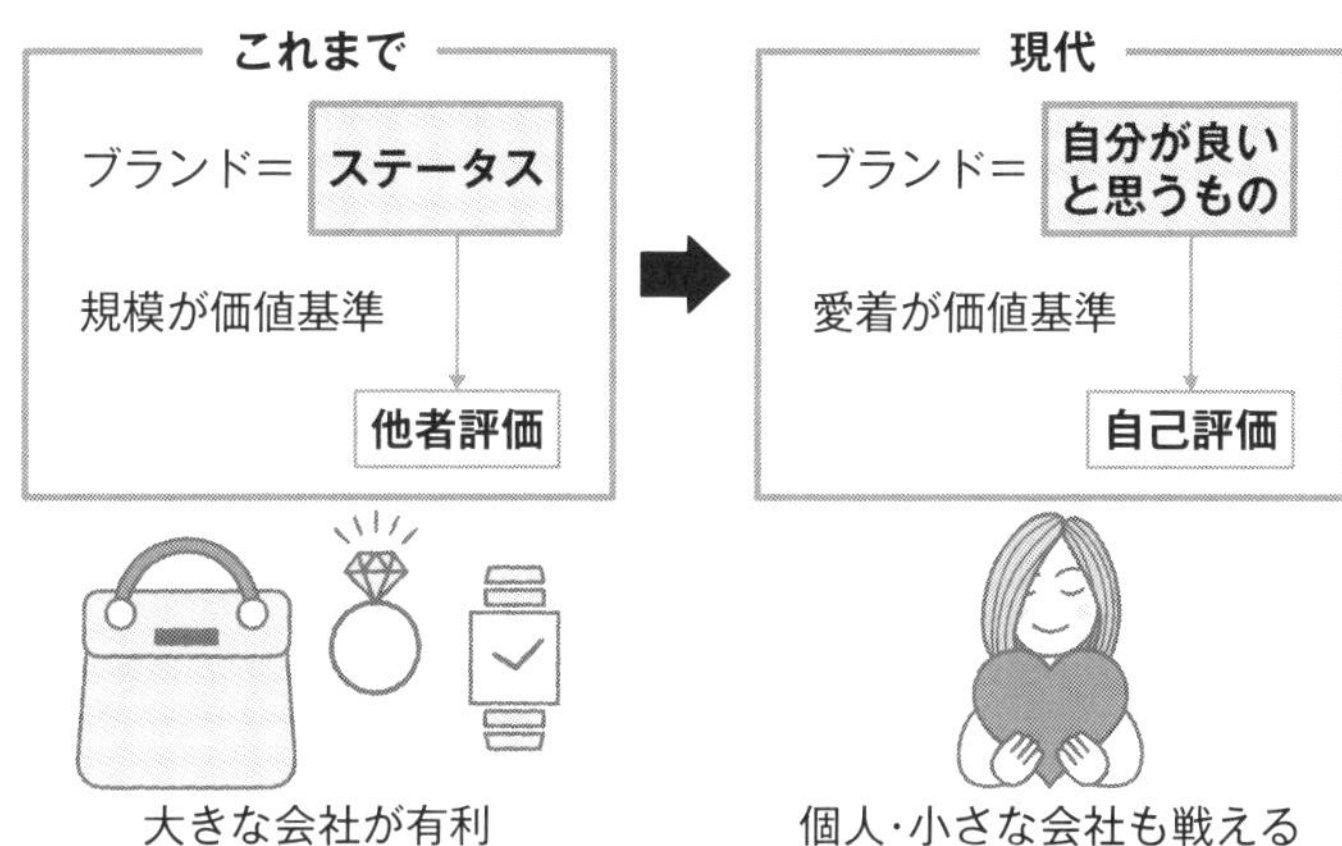

ちが重なるところを見つけるのです。

また、ブランドの概念が変化しているという時代背景もまた、自分らしさを優先するということを後押ししてくれています。

これまでの時代においては、ブランドは社会的地位を表す「ステータス」の象徴でした。

誰もが手にすることができない憧れのブランドを所有していることこそが価値であり、その価値は他者評価あってのものという側面が強かったのです。

ステータスとして機能するためには、その商品やサービスを買わない人にもブランドを認知してもらう必要があります。

どれだけ多くの人に認知してもらえているか？という〝規模〟が重要で、マスマーケティングが力を発揮する時代だったといえます。

一方で、現代におけるブランドの概念はかなり変わりつつあります。

他者評価の視点ではなく、**「自分が良いと思うものが自分にとって価値の高いブランドである」という自己評価の視点にシフトしてきている**のです。

この概念においては、良さがわからない人には自分の大好きなブランドをとやかく言われたくないという気持ちが生まれるため、認知の規模ではなく〝愛着の深さ〟という新たな軸がブランディングでより重要になっています。

ブランドの価値基準が規模の大きさではなく、愛着の深さへとシフトしたことで、**個人や小さな会社も規模に関係なくブランドを育み、勝負できる時代**になったといえます。

そんな時代だからこそ、「自分らしさ」を存分に表現してお客さまと気持ちが重なる点を見つけていくという順番がとても大事になってくるのです。

「自分らしさ」を活かして唯一無二の価値を生み、しっかりと売り上げを立てていく。**個人や小さな会社がビジネスを無理せず続け、生き残っていくためには、自然体のままブランディングを行うのが一番**なのです。私はこの手法を、「ナチュラル・ブランディング」と呼んでいます。

自分が活きる「独自ポジション」を確立し、「自分らしさ」を世界観で表現して感情に訴えかけ、持続可能な集客と売り上げにつながる戦略と実行動線によって経済を循環させていく。

ビジネスの成功だけでなく、ビジネスを通して生きがいも感じたいと思う方にぜひ実践してほしいと思っています。

ただし、「自分らしさ」は他者から与えられるものではありません。

「自分らしさ」は、固定観念や世間の〝普通〟にとらわれず、自分の心にまっすぐ深く問い続け、独自の視点や想いを言語化し、恐れず表現していくことを繰り返した先に現れる副産物のようなもの。

だからこそ、**自分自身に目を向けて愛することから「自分らしさ」は始まる**のです。

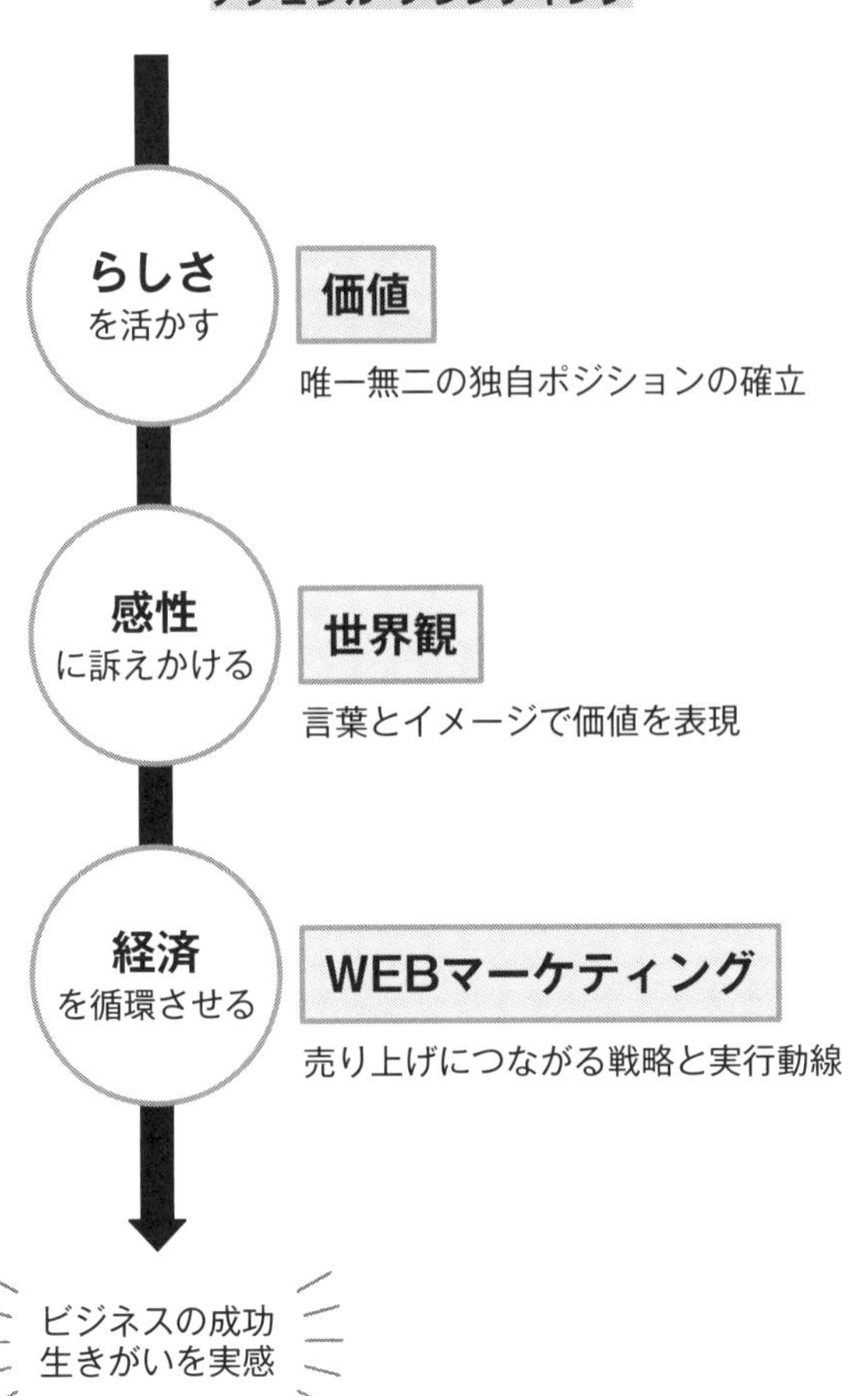
ナチュラル・ブランディング
らしさ
を活かす
価値
唯一無二の独自ポジションの確立
感性
に訴えかける
世界観
言葉とイメージで価値を表現
経済
を循環させる
WEBマーケティング
売り上げにつながる戦略と実行動線
愛を持って現実を突き動かしていく
ビジネスの成功
生きがいを実感

ブランド構築の流れがこの一冊でわかる

第1章では、そもそも商品・サービスの価値とは何か、何が「自分らしさ」になるのかについて考えていきます。自然体でビジネスを営むための基本となる部分です。

第2章では、「自分らしさ」とお客さまの気持ちが手を結ぶポイントを見つけます。ニーズのさらに奥にあるお客さまの隠れた本音を探し、つくった商品・サービスが本質を捉えた普遍的な価値を生み出すかどうかを検証していきます。

お客さまに選んでもらうには、競合との差別化も欠かせません。

そこで第3章では、より「自分らしさ」を尖らせ、自分だけの「独自ポジション」を見つける方法をお伝えしていきます。個人・小さな会社が戦いを避け、心穏やかに生き残るために外せないポイントです。

第4章では、見つけた「独自価値」を具現化します。どんなに良いものを持っていても、それをお客さまに伝えないことには宝の持ち腐れ。情報量の多いＷＥＢ上でもひと目で自分のビジネスを伝える、「キービジュアル」のつくり方をご説明します。

ここまでで、だいたい自分のビジネスがどんなものかは一度固まります。お客さまと出会い、価値を伝え、さらには購入の判断をしてもらう方法をお伝えするのが第5章。SNSやブログなどを用いた、WEBマーケティングの手法を一から伝授します。売り上げにつなげるためにはマーケティング戦略も外せませんが、論理だけではなく、感性で心に訴えかける〝ブランディング視点〟でマーケティングを実践するからこそ、反応するお客さまの質が変わるのです。

そして第6章は、長く安定的にビジネスを継続させていく秘訣について。売り上げの波をどうコントロールし、ビジネスをどう展開すればいいか。自分の原点を忘れず、ブレない軸でビジネスの価値をさらに育てていく方法をお伝えします。

最初にお伝えしたように、ブランディングはビジネスの根幹に関わるもの。ですから全6章のなかでは、商品・サービスの開発からマーケティングの実践、ビジネスの継続方法に至るまで、ブランディングを軸に解説していきます。

本書が、あなたのビジネスを飛躍させる一助となることを願って。

村本彩

BRANDING!
Value
Value
Value
Value
Value
Value

目次

第2章

お客さまの隠れた本音を知る

第3章

市場に「聖域」を見つければ怖くない

第4章 「WEB上の看板」をつくる

第5章

「感性」に訴えるWEBマーケティング

第6章

売り上げで苦しまないために

本書は『「個人」「小さな会社」こそ、ブランディングで全部うまくいく』の増強改訂版です。

第1章

ビジネスに背伸びはいらない

お客さまは何にお金を払うのか

商品・サービスそのものよりも「価値」が大事

私がサントリーで商品企画に携わるようになったのは、入社4年目のこと。意気揚々と「新商品をつくるぞ！」と思っていたところ、当時の上司はこう言いました。

「私たちは商品をつくっているのではなく、お客さまの心のなかに『価値』をつくっているのよ」

飲料メーカーに入ったのに、商品ではなく価値をつくっているの？　しかもお客さまの心のなかにつくるって、なんで？

最初は混乱しましたが、月日を重ねるごとに腑に落ちていきました。ビジネスでは、扱っ

機能価値と情緒価値

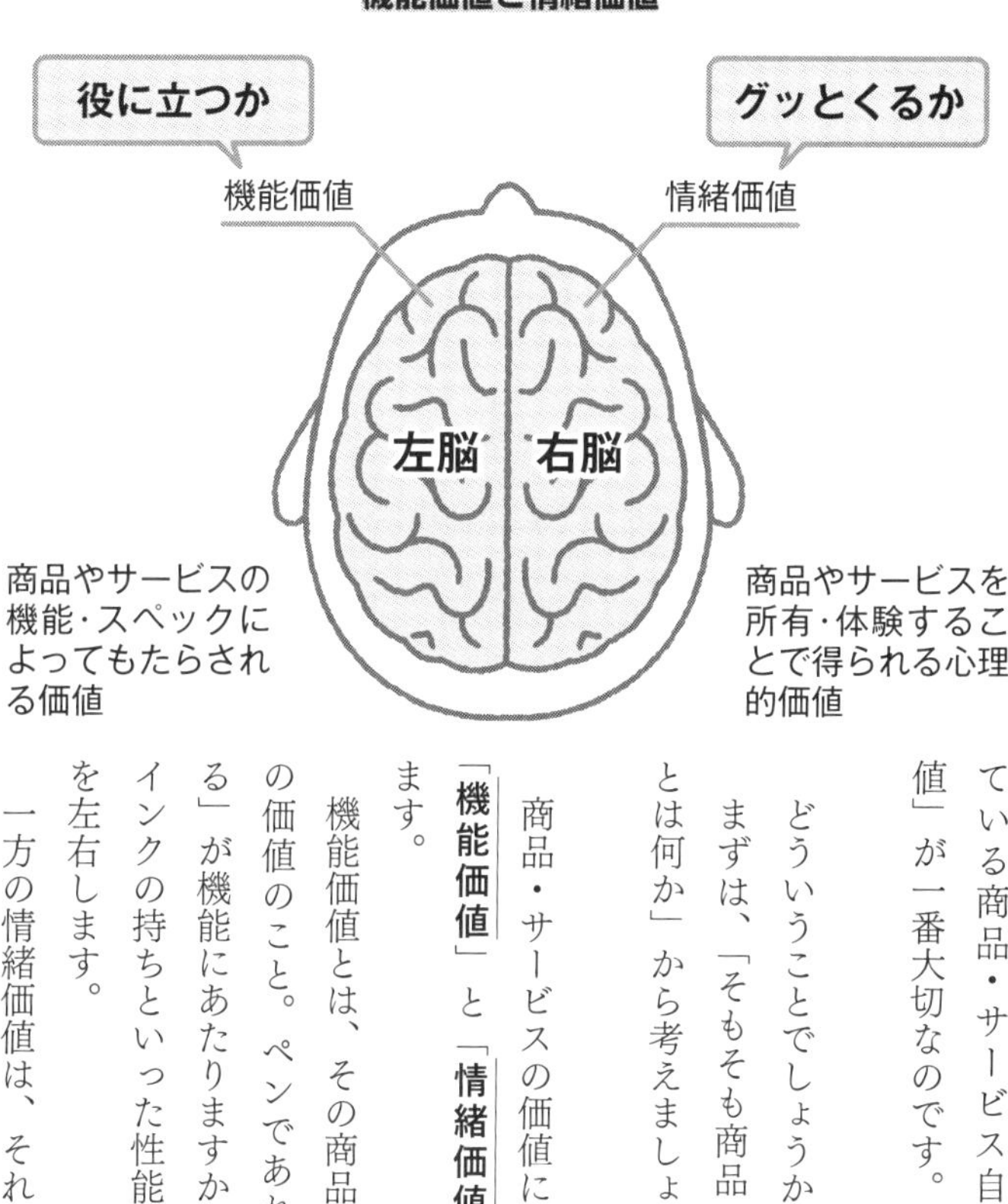

ている商品・サービス自体ではなく、「価値」が一番大切なのです。

どういうことでしょうか。

まずは、「そもそも商品・サービスの価値とは何か」から考えましょう。

商品・サービスの価値には、大きく分けて「**機能価値**」と「**情緒価値**」の2つがあります。

機能価値とは、その商品が果たす機能面での価値のこと。ペンであれば「文字を書ける」が機能にあたりますから、発色の良さやインクの持ちといった性能・品質が機能価値を左右します。

一方の情緒価値は、それを買ったときや利

用するときに気分を良くしてくれる、感情的な価値です。デザインが好みである、愛着のあるメーカーの商品である、といったことが情緒価値になります。

商品・サービスが溢れる現代、市場は飽和しつつあります。性能・品質に遜色のない商品が数多く発売され、機能価値での差別化は難しくなってきました。そうした背景から、**今は機能価値よりも情緒価値が重視される時代**だと言われています。

情緒価値がヒットをもたらす時代

近年ヒットした商品を見ても、人気を集めている背景には情緒価値があります。

たとえば、バルミューダ（BALMUDA）のトースターはご存じでしょうか。3万円超えという高価格にもかかわらずヒットし、話題になった商品です。

このトースターは性能自体も優れていて、温度制御機能・スチームテクノロジーにより、パンの表面をカリッと、中をふっくらと焼くことができます。しかし、「おいしいパンを焼ける」という機能価値だけで支持されたわけではありません。

ヒットを後押ししたのは、デザインの美しさ。世界的にも高く評価され、数々のデザイン賞を総なめにしました。

家におしゃれなバルミューダ製品を置いて、おいしいパンを焼き、ちょっと素敵な朝食をとっている。そんな**ライフスタイルを演出してくれる**ことが、このトースターの情緒価値でした。

ほかの例としては、無印良品も挙げられます。

無印良品を選ぶ人たちは、使い勝手の良さという機能価値を評価している面もあります。しかし、同程度の機能を持つ日用品や文房具は、百円ショップやホームセンターなどでも揃えられるでしょう。

無印良品が選ばれるのは、**ブランド自体が持つ「シンプル」という世界観**が共感を集めているからです。素材感のある商品はその世界観を反映していて、使っていると、自分自身も飾らない暮らしをしている気分になれる。それが、無印良品の情緒価値だと言えます。

売り物としては、機能価値を満たせば十分。しかし**広い市場のなかから選んでもらうには、**

情緒価値まで考えなくてはいけないわけです。

サントリー時代に言われた「お客さまの心のなかに『価値』をつくる」とは、とくに情緒価値のことだったのでしょう。

少数の人の心を強く動かせる情緒価値

では、どんな情緒価値をつくればいいのでしょうか。

売り上げのためには「なるべく多くのお客さまに響く情緒価値を」と考えたいところですが、その発想はかえって危険です。

「たくさんの人が欲しがるもの」はニーズが顕在化していて、すでに世の中にある可能性が高いからです。競合と同じような商品・サービスをつくってしまうと価格競争に陥ってしまい、体力のない個人や小さな会社では不利になります。

考えるべきは、少数であっても人の心を強く動かせる情緒価値。**「ほかにない自分のためのものだ」と感じることで、お客さまの心にはより強い情緒価値が生まれます。**その感動が口コミで広がれば、結果的に多くの人に受け入れられていくはずです。

ここでキーになってくるのが、「インサイト」という概念です。**インサイトとは、「本人さえも気付いていない本音」のこと。**「ニーズ」よりももっと心の奥にあり、お客さまの性格、価値観が反映されていることが特徴です。

本人さえも気付いていない、隠れた本音。それが具現化して示されることで、「**そうそう、どうしてわかったの？　これが欲しかったのよ！**」と感動が生まれ、お客さまにとって強い情緒価値になっていきます。

お客さま自身が気付いていない本音を満たす

インサイトという概念を初めて耳にする人もいると思うので、具体的な事例をもとにご説明します。

私がブランドコンサルティングをした商品に、大豆ミート商品の「ライクチキン」があります。

ライクチキンは、大豆から生まれたまるで鶏肉のような食感とおいしさの食材。もともとは「アースミート」という名前で、飲食店向けに販売していました。動物性原料不使用でたんぱく質が豊富なため、ビーガンの方用の食材として飲食店から高い評価を受けていました。この商品を一般消費者向けに販売を始める際、市場にどのようなインサイトが眠っているかを掘り起こすことからプロジェクトは始まりました。

ライクチキンが目指したのは、**ビーガンの方だけでなく、お肉を食べられる人も食べられない人も「おいしい」をシェアしてみんなで〝一緒に〟楽しい食卓を囲むこと。**

そのためには、お肉を食べられる人にとって、「我慢や惰性で選んでいるのではなく、私は純粋においしいし、体にもやさしいから気に入って選び続けている」というポジティブな理由が必要でした。

しかし、実際に市販されている大豆ミートに対しては、「これは大豆臭が強くてお肉とは言えない。やっぱり大豆だよね」という諦めの気持ちが大きかったのです。

「地球や体のことを考えて口にするものを選びたいけど、味には妥協したくない」
「でも動物性のお肉を食べているような満足感は正直ない」

そんな理想とのギャップのなかに、お客さまの「インサイト」を見つけました。

〝チキン好きが鶏肉と間違えるような食べ応えのある食感とおいしさ〟ということが感覚的にわかる「ライクチキン」というネーミングに変更し、つぎのキャッチコピーを打ち出します。

「おいしいから、これがいい！」

この隠れたインサイトに訴えかけた結果、ビーガンの方だけでなく広く共感を集め、ライクチキンは取り扱い店舗と販売数を着実に増やしています。

お客さまのインサイトを満たし、強い情緒価値を生み出す。それが、これからの時代に売れる商品・サービスの条件です。

ただし、大前提として忘れてはいけないことがあります。

どれだけお客さまの心を捉えていても、自分の苦手な分野、関心のない分野のビジネスでは長続きしません。

自然体でしっかりと売り上げも立てていけるビジネスは、インサイトと「自分らしさ」の交差点にあるのです。そのため、ここで一度「自分らしさ」を定義してみましょう。

ビジネスの根本を定義する「自分らしさの条件」

「価値観」と「得意なこと」が重なる分野でビジネスをする

「自分らしさ」と急に言われても、何が「自分らしさ」かわからない……そんな人もいるかもしれません。そこで、分解して考えてみましょう。

「自分らしさ」は、「価値観」と「得意なこと」の2つでできています。

「価値観」とは、「自分らしさの根源」。自分にとっての好き嫌いや善悪といった、物事の判断基準となる物の見方です。「譲れない想い」とも言えます。

「得意なこと」は、「自分らしさを表現するときのアイテム」。自分が自然とできてしまうようなことです。運動が得意な人であれば、運動をしているときは「自分を活かせている」という実感を持てているはずです。仕事においては、ビジネススキルという形で表れることが多いでしょう。


「価値観」を損なわないこと。

「得意なこと」を活かせること。

この2つが、自然体で働くための条件＝「**自分らしさの条件**」です。

「価値観」に沿った仕事は、充実感につながります。そして「得意なこと」に沿った仕事は、努力が苦になりません。

ですから、まずは「価値観」と「得意なこと」が重なる分野でビジネスを始めましょう。情熱を注ぎやすく、結果もついてきやすいはずです。

「自分らしさ」が価値を生む

ビジネスにおいて、「価値観」と「得意なこと」が必要な理由はもう一つあります。それは、この2つのなかに機能価値と情緒価値の原石が眠っているからです。

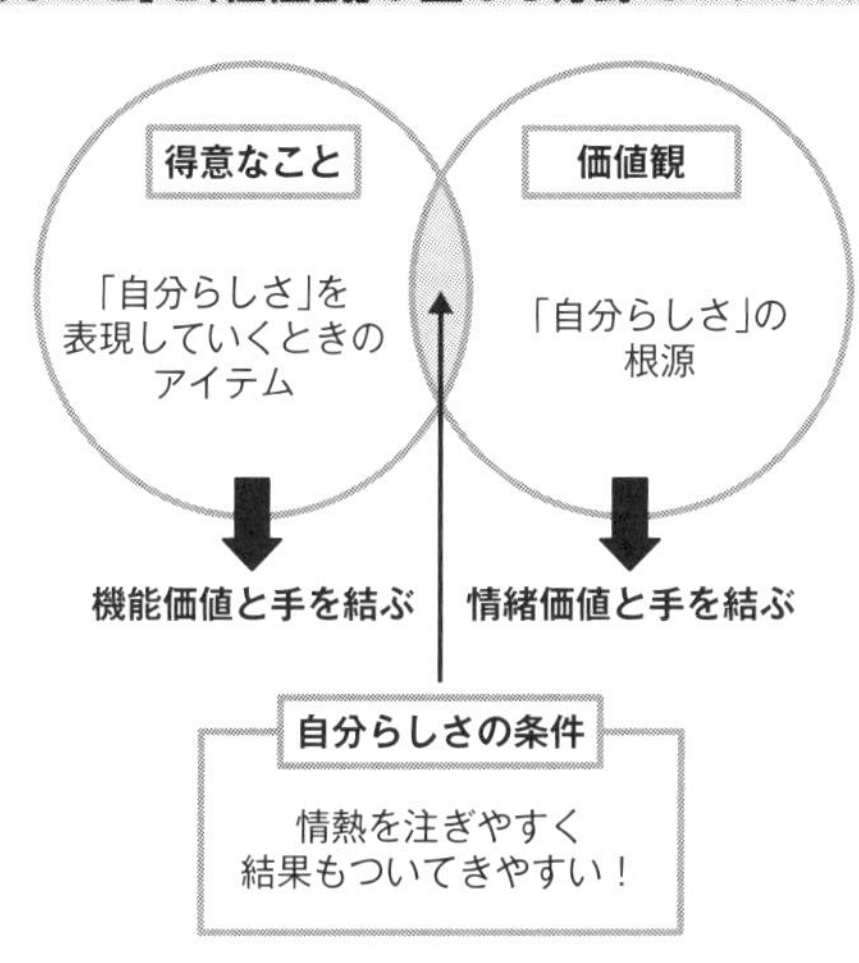

まず商品・サービスの機能価値は、「得意なこと」を活かして磨くことができます。手づくりのジュエリーを製作する仕事なら、手先が器用だとよりクオリティの高いものを提供できますよね。

ここまで直接的な例ではなくても、「人の話を聞くのが得意だから、お客さまのヒアリングを上手にできる」「1つのことに没頭するのが得意だから、根気強くものづくりができる」といった形でも結びつきます。

そして**商品・サービスの情緒価値は、自分自身の「価値観」から生み出すことができます。**

先ほど、情緒価値でヒットした商品としてバルミューダのトースターを挙げました。バルミューダの創業者である寺尾玄さんは、10代のころにスペインのベーカリーでかじったパンがあまりにもおいしく、「食べることの素晴らしさ」を体感したそうです。そして、「この感動を多くの人に伝えたい」という想いが、トースターを開発するきっかけになります。「とてもおいしいものは、どのようなところから出てくるべきか?」という問いをつくり、約2000個の案をもとにデザインを洗練させました。

つまり、発端は「食べることは素晴らしい」「おいしいものにふさわしい演出を大事にしたい」という「価値観」。これが、「おいしいパンの感動体験を、味だけでなくデザインでも演出したい」という想いとなって商品に乗り、お客さまの共感を集める情緒価値が生まれたのです。

商品・サービスに、どんな想いを乗せたいか。その根本となるのが「価値観」なのです。

具体的に「価値観」と「得意なこと」を明確にするためのワークをご紹介します。

人生ヒストリーを振り返り、「価値観」を見つける

まずは、「価値観」について。

「価値観」は、自分の人生ヒストリーを徹底的に振り返ることで見つけることができます。つぎの2つのワークを行ってみてください。

まず、人生ヒストリーの棚卸しをしてみてください。

このワークでは、これまでの人生を振り返って、心に残っているエピソードを思い出せる限り細かく書き出します。「こんなのビジネスにつながるのかな?」と思うものも含め、直感で書いていきましょう。

エピソードはいい記憶だけでなく、苦い記憶からも目を背けずにそっと書き出してください。久しぶりにアルバムを開いてみて、リアルな気持ちを思い出してみるのもいいですね。見つめるのがまだつらくて書きたくないことは、書かなくてOKです!

生い立ちを素直に捉えていくことで、情緒価値につながる根本的な価値観を見つめ直すことができます。

つぎに、自分の根源にある価値観を見つけていきましょう。

「自分の根源にある価値観」を見つけるワーク

① 今の自分に大きな影響を与えた出来事を、5つピックアップしてください
② その体験から感じた気持ちは？
③ そこから生まれた強い価値観・信念は？

①の出来事は、特別なものでなくても構いません。大事なのは、②と③です。
たとえば、①に「地方から東京に出た」と書いたとします。同じ経験をしている人はたくさんいるはずですが、その経験でどんなことを感じたかは人によって違います。②の体験から感じた気持ちが「新しい刺激を受けてワクワクした」という人もいれば、「理解できないことが多くて怖かった」と感じる人もいるでしょう。
その体験を通して生まれた感情から生まれた強い価値観・信念（③）が「自分の枠を広げるためにはどんどん外の世界に出ることが重要だ」というものである人もいれば、「今いる場所に感謝の気持ちを持って頑張ることが大切だ」というものである人もいるはずです。

ワーク：自分の根源にある価値観を見つける

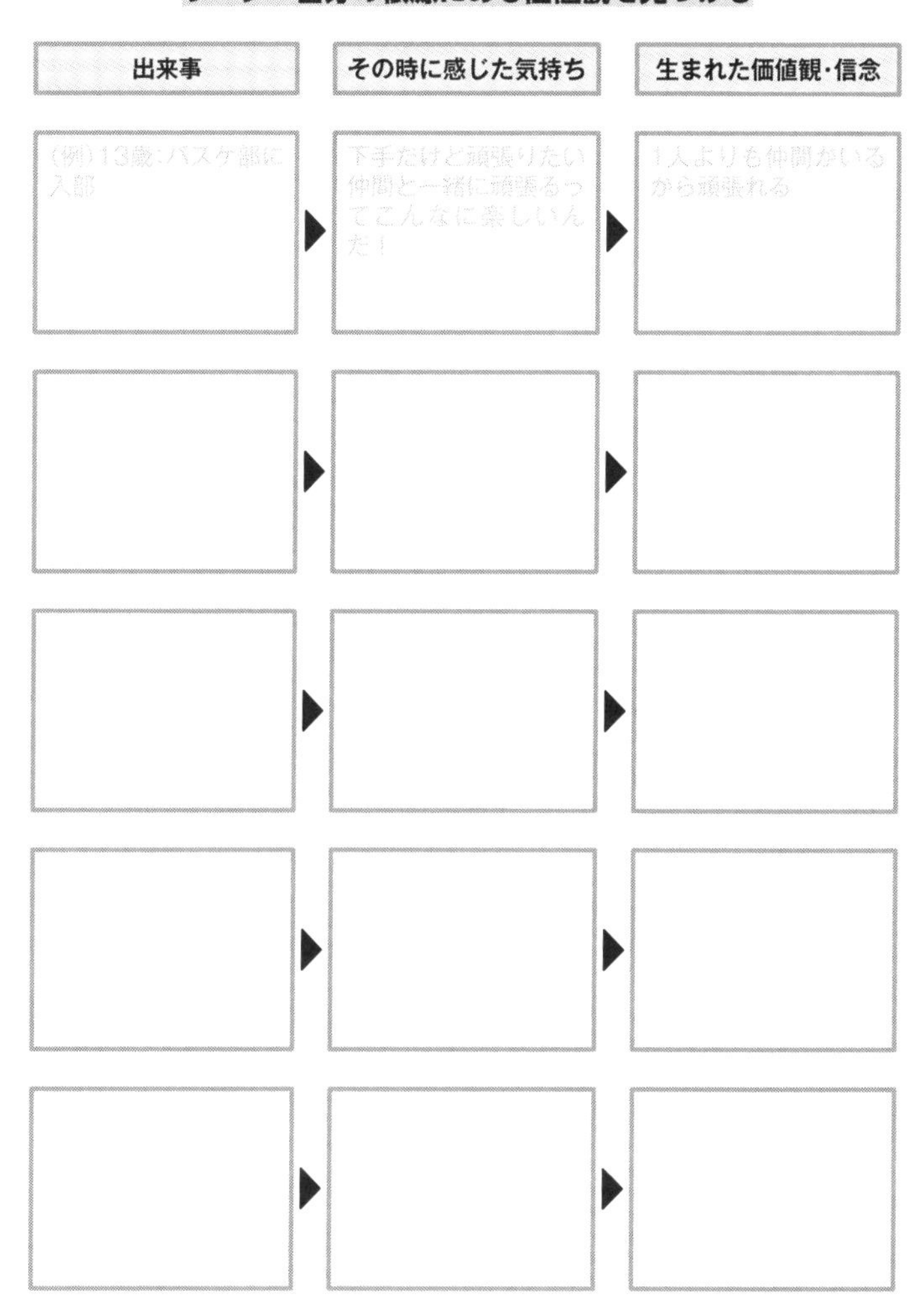

ある出来事に対峙したときに、自分は何を感じ、そこからどのような判断基準が生まれたのか。そこに「自分の根源にある価値観」は詰まっているのです。

根源にある価値観は、今やっている仕事やこれからやっていきたいことにつながる大事なものになるでしょう。

人生ヒストリーの振り返りが思うようにできない場合は、次ページの質問から考えてみましょう。違う角度から引き出すことができます。

「価値観」を見つける質問

- **時間を忘れて夢中になった・没頭したのは どんなことですか？**
（仕事でも仕事以外でも構いません）
それはなぜですか？

- **「心がついてこないなぁ」「しんどいなぁ」と感じたのは どんなときですか？**
（仕事でも仕事以外でも構いません）
それはなぜですか？

- **「あのときの自分は好きだった！」と思えるのは、どんな場面ですか？**

- **どんなときに、喜び・楽しさ・嬉しさ・感動といった 気持ちを感じますか？**

- **どんなときに、悲しみ、怒り、辛さ、寂しさといった 気持ちを感じますか？**

- **あなたが憧れる人はどんな人ですか？**
（実在の人でも架空の人でも構いません）
それはなぜですか？

- **あなたはどんなことを大事にする人に見えているか、身近な人に聞いてみましょう。**

仕事のキャリアを振り返り、「得意なこと」を見つける

つぎに、「得意なこと」を見つけます。

「得意なこと」のうち、自分が身を置く環境のなかでとくに活きるものが「強み」となります。ですが、強みは関係性によって変わります。まずはその種を見つけていきましょう。

「得意なこと」は、これまでのキャリアに詰まっています。どんな仕事をしてきたか、順番に振り返りましょう。

仕事の経験が少なければ、子どものころの経験までさかのぼって探してみてください。勉強や部活動、文化祭などの行事、アルバイトでのエピソードなどなど。どんなものでも構わないので、たくさん書き出していきます。

「得意なこと」を見つけるワーク

① これまでやってきた仕事は？（頑張ったことは？）
② どんな成果を出した？
③ そこで身につけた力は？

①ではできるだけ具体的に、何をしていたかを書くのがポイントです。「営業」とひと言で言っても、どんな商品・サービスの営業か、新規開拓の営業かルート営業かによって、何をしていたかは異なるでしょう。

また、営業のなかにもさまざまなタスクがあるはずです。お客さまにアポをとる、プレゼンをする、契約をする……など、大きな括りで捉えず、可能な限り細分化してください。

②は具体的なエピソードとともに書き出してみましょう。**成果を考える際には、最終的な成果物だけでなく「プロセスにおける成果」にもぜひ目を向けてみてください。**

私の場合、冒頭に紹介した「The O.N.E」という商品は思うように売れずに販売終了になってしまったので、最終的に出した成果として誇れるものはないと思っていました。でも実際の人事評価では「売り上げをつくれなかったという点では最低評価だけど、0から1を生み出し形にして世に出したという点では高く評価する」といったフィードバックを得たのです。

ぜひプロセスで成し遂げられたことにも目を向けて、自分の得意なことを発掘してください。

ワーク：得意なことを見つける

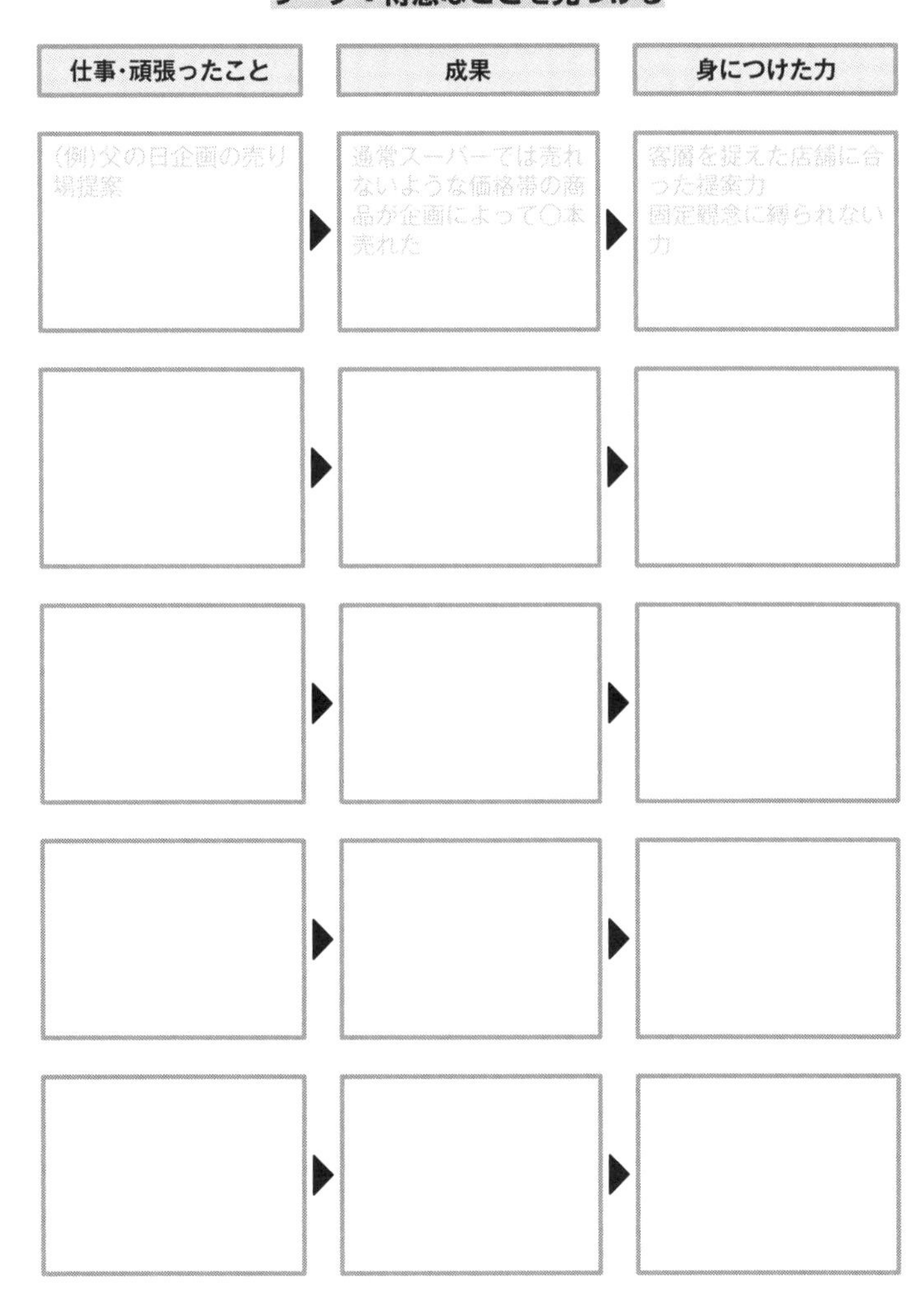

③は「つまりどんなことが得意なのか？」を端的にまとめてみましょう。私の場合は「0から1を生み出す創造力」「関係者を巻き込む力」などを挙げられるでしょう。

また、**1つのエピソードから見えてくる自分の得意なことは1つとは限りません。**さまざまな得意なことを複合的に使いながら成果につなげているはずです。

ここで見えてきた力を応用することで、自分らしさを活かした機能価値へとつながっていきます。

「得意なこと」かどうかは身を置く場所次第

「得意なこと」を掘り下げるときにありがちなのが、「このレベルでも得意と言っていいのかな」と不安になってしまうこと。でも、**「得意なこと」が発揮できるかどうかは、どこに身を置くかによって大きく変わります。**

私は会社員時代、ブランディングが「得意なこと」だとは思っていませんでした。

サントリーには優秀なブランドマネージャーがたくさんいたので、「自分はせいぜい中の上くらい」という認識を持っていたのです。自分がブランディングを武器に起業できるなんて、それこそ1ミリも思っていませんでした。

しかし大企業を離れてスモールビジネスの世界に飛び込んだとき、「ブランディングなんてわからないし、やったこともない。教えてほしい！」という人がたくさんいることに気付きました。これまでの環境ではできて当たり前だったことが、違う環境に身を置くことで「得意なこと」に変わったのです。

自分では「まだまだ……」と思っていても、長年続けているうちに人よりできるようになっているものです。ですから「得意なこと」が見つからない場合も、視点を変えて考えてみましょう。

次ページに補足的なワークを用意したので、参考にしてください。

「得意なこと」を見つける質問

- 時間を忘れて集中するのはどんなことですか？
- 仕事で一番楽しいのはどんなときですか？
- コンプレックスを克服したり、辛いことを乗り越えたりした経験はありますか？
- 「あのときの自分はイキイキしてたなぁ！」と思う出来事はなんですか？
- これまでの人生で、長い時間を費やしたものはなんですか？それはなぜですか？
- 自分では「大したことない」と思うのに、人から「すごい」などと褒められることはありますか？
- 人からよく頼まれたり、相談されたりすることはありますか？
- ほかの人を見ていて、「じれったいな」と思うことはありますか？
- あなたの長所はなんだと思うか、身近な人に聞いてみましょう。

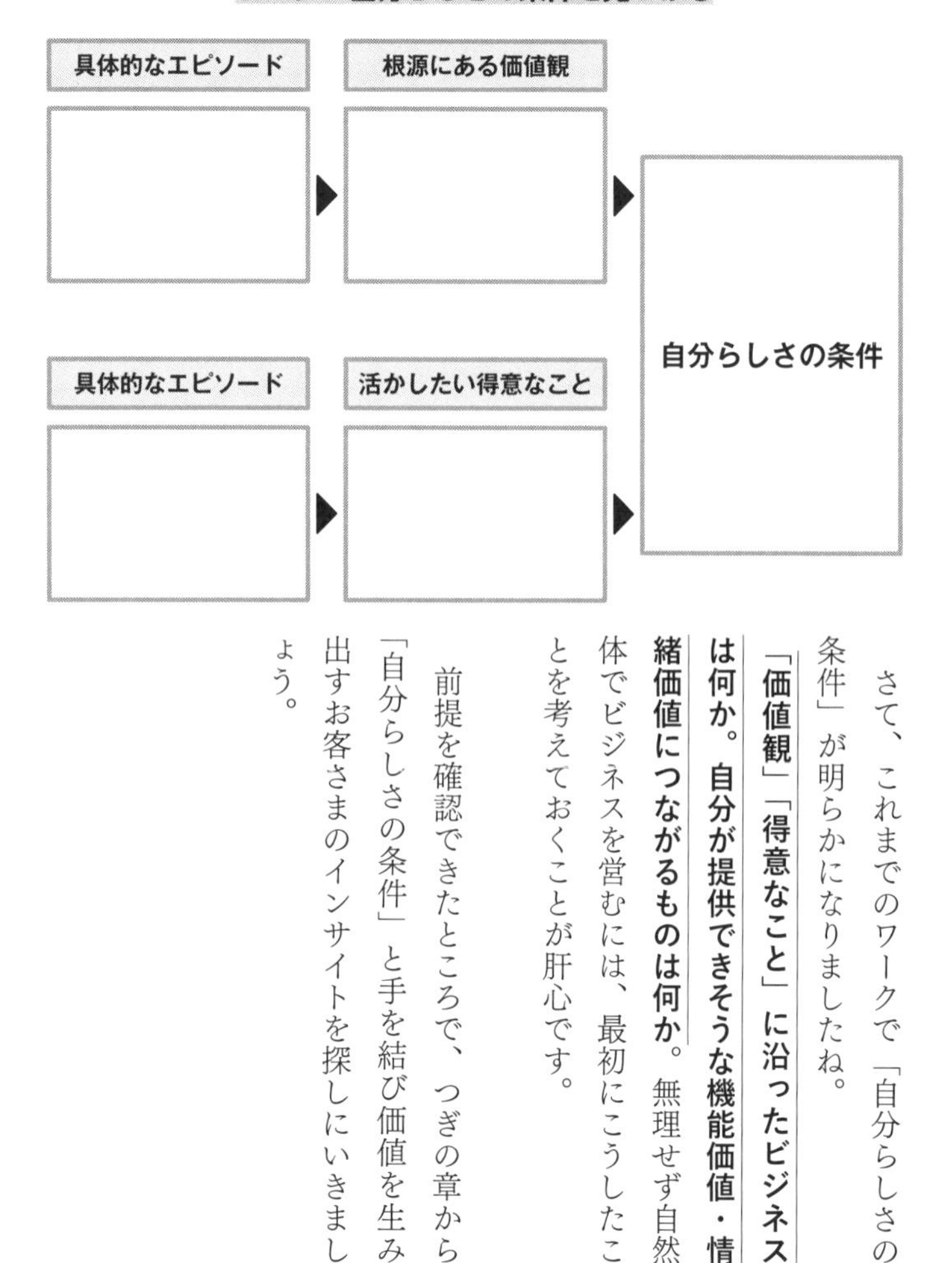

さて、これまでのワークで「自分らしさの条件」が明らかになりましたね。

「価値観」「得意なこと」に沿ったビジネスは何か。自分が提供できそうな機能価値・情緒価値につながるものは何か。無理せず自然体でビジネスを営むには、最初にこうしたことを考えておくことが肝心です。

前提を確認できたところで、つぎの章から「自分らしさの条件」と手を結び価値を生み出すお客さまのインサイトを探しにいきましょう。

Strength
Work
Value
GREAT!

第1章のポイント

- 商品・サービスの価値には、機能価値と情緒価値がある。
- これからは、情緒価値が鍵。強い情緒価値を生み出すインサイトを探そう。
- 自然体で売り上げを伸ばすには、「自分らしさ」をビジネスの軸にしよう。
- 自分らしさは「価値観」と「得意なこと」に分類できる。「価値観」は情緒価値と、「得意なこと」は機能価値と手を結ぶ。
- 「価値観」はこれまでの人生ヒストリーのなかに、「得意なこと」はキャリア（頑張ったこと）のなかに詰まっている。2つが重なるビジネスを始めよう。

第2章

お客さまの隠れた本音を知る

ペルソナを定義する

「理想のお客さま」を思い描く

第1章で、自分の「価値観」「得意なこと」を知り、「自分らしさの条件」が見つかりました。

ここからは「自分らしさ」から価値を生み出すために、お客さま本人さえも気付いていない本音＝インサイトを考えます。なぜなら、**ブランドの価値は提供側が決めるものではなく、お客さま自身が感じるもの**だからです。

インサイトを探すときは、「**ペルソナ**」が役に立ちます。

ペルソナとは、プロフィールを細かく想定した架空のユーザーのこと。趣味や性別のほか、名前もフルネームで決めて、その人が何を考えているのかを探っていきます。

ペルソナは、「40代女性」などと**ざっくり設定してしまうとうまくいきません。**40代女性と言ってもいろいろな人がいますよね。細部まで設定しなければ、その人の感じていることをありありと想像できず、インサイトという本人さえも気付いていないような本音にたどり着くことは難しくなります。

ペルソナは、「**理想のお客さま**」をイメージしながら考えます。「この人の役に立ちたい！」と心から思える、自分の「価値観」に強く共感してくれて、自分の「得意」がより活きる相手。そんな人を想像することで、「自分らしさの条件」と手を結ぶお客さまの気持ちが見つかります。

まったく架空の人よりは、**実在する人を参考にイメージを広げる**ほうが具体的に設定しやすいと思います。ビジネスをすでに始めているのであれば、お客さまのなかで最も理想に近い1人をペルソナに設定するのもおすすめです。

わからない部分は想像で設定しても問題ありません。友人・知人などでペルソナに似た人に話を聞き、イメージを膨らませてみましょう。

ビジネスの種類によっては、**過去の自分自身をそのままペルソナにする、**という場合もあります。これは、自分自身が昔悩んで克服したことについて、その解決となるような商品・サービスをつくる場合に有効です。

たとえば自分の体形に悩んでいた人がダイエットに成功し、その解決策をコンテンツとして教えるダイエットコーチを始めるといったケースです。

ペルソナは時間をかけてつくり込む

ペルソナの設定方法について、決まったやり方はありません。つぎのページでは、私が実際に使用しているペルソナシートの一部(基本情報部分)をご紹介します。

このシートの項目を、一つひとつ設定してみてください。

完成させるためには、結構な時間がかかるはずです。**ペルソナの心の奥に深く入り込めるよう、想像を膨らませながら時間をかけ、集中して取り組みましょう。**

ペルソナシートの例①

本名	村田愛子
年齢	37歳
住まい	緑ヶ丘
家族構成	同じ会社の先輩である夫と 5歳・1歳の子どもの4人家族
職業	会社員。営業企画に携わっている。
収入	手取りで30万くらい
月に使えるお小遣い	5万
性格	明るくサッパリとした性格。関西人ゆえ時々毒舌でツッコミを入れることも。でも人を不快にさせるわけではない。 頑張り屋。でも頑張ってます、って人に見せるのは好きではない。色気ムンムンじゃなくていいけど、ママになっても女性としての魅力は失いたくない。
趣味	お酒を飲むのが好き。温泉に行く。冬は家族でスキーに行く。
得意なこと	おじさまの相手
職場・友人との人間関係	職場は男性が多いけど、そんななかでもマイペースでやっていけるタイプ。
どんなライフスタイル？	子どもを産んでからは、時短勤務（9時～16時半）で働いている。子どもとの時間も大事にしたいので、今は時短勤務でいいと思っているけど、仕事はそこそこ……ではなく、頑張りたい。やりがいのある仕事をしたい。今は営業企画だけど、宣伝の仕事に戻りたい気持ちがある。
読んでいる雑誌	「VERY」、「日経WOMAN」

ペルソナシートの例②

好きな本のジャンル／愛読書	意識の高い同期のアッコちゃんから薦められた『WORK SHIFT』と『LIFE SHIFT』を買ったけど、全然読めてない……でも自己啓発の本は好き。
普段情報収集しているサイト	Facebook、スマホニュース
何にお金を使っている？	中小企業診断士の資格を取得したくて、妊娠中から勉強を始めた。でも子どもが生まれてからはなかなか進んでいない。家族で温泉や旅行に行くことが多い。出産後、自分へのお祝いにクロエのバッグを買った♪
出没スポット	自由が丘、二子玉川。 ロンハーマンカフェに通っている。
その他の情報	早稲田大学出身。学生時代から勉強を頑張ってきた。会社に就職して最初に配属されたのは、九州地方。小さな支店に女性が配属されたのは初めてで、九州ではアシスタントさんを除くと女性社員は1人だった。それでも男性社員と交流しながら、楽しく働いてきた。東京に転勤してからは、1人目の産休までは花形部署である宣伝部へ。 夫は亭主関白タイプ。自分の稼ぎがあるから奥さんにはなるべく家にいて自分を支えてほしいと思っている。そのため、愛子が働くことに否定的ではないものの、家事がおろそかになると機嫌が悪くなる。

実際に書いていくと、なかなかスムーズにいかないと思います。これまでいかに、お客さまを「ターゲット」というざっくりとした塊で捉えていたのかに気付いたのではないでしょうか。

試行錯誤することになるでしょうが、その過程が大事です。具体的な1人をありありと思い描くなかで、ペルソナはよりリアルな姿になっていくはずです。

ペルソナをしっかり設定しておくと、折に触れて役立ちます。ビジネスが思うようにいかないと感じたときには、改めて第1章でまとめた価値を生み出す「自分らしさの条件」と「ペルソナ」に立ち返りましょう。

いつの間にか、自分の商品・サービスばかりが主語になっていないか。
お客さまの気持ちを置き去りにしていないか。
そんなふうに見直すことで、「そもそも自分はこういう人に向けてビジネスをしようとしていたな」という原点の気持ちを思い出すことができます。
ペルソナは、ビジネスを通してずっと活用するものです。曖昧にせず、しっかりとつくり込んでください。

なお、一度ペルソナを設定しても、ビジネスを進めるうちに「やっぱり違う」と感じることもあるかもしれません。

どれだけ考え抜いてもある程度は避けられないことなので、心配いりません。**何度更新しても大丈夫**です。ペルソナを書き直すたびに、ビジネスの方向性も徐々に固まっていくはずです。

また、市場環境や競合の変化によってリブランディングが必要になった際にも、再度ペルソナを見直すことが大事です。一度設定したら終わりではなく、定期的に立ち返りましょう。

インサイトを見つける方法

ペルソナの「悩み・不安・不満・願望」

ペルソナの基本的な情報を整理できたら、インサイトを探っていきます。

インサイトは、「なんかいやだな」「もっとこうだったらいいのに」といった、悶々とした負の感情の近くに見つかることが少なくありません。

そこでまずは、ペルソナの**「悩み・不安・不満・願望」**を書き出すことから始めてみましょう。1つについて最低10個、合計40個は書き出してみるといいですね。

ここで書き出したものはあとでグルーピングしていきます。そのため、貼ったりはがしたりできる付箋（あるいはマグネットなど）に書き出すことをおすすめしています。

ちなみに「悩み」は「不安」や「不満」と重なるものもありますが、４つのカテゴリーに厳密に分類する必要はありません。ここではさまざまな切り口から気持ちを書き出すことが大切です。

たとえば、幼い子どもを持つワーキングマザーを思い浮かべてみましょう。彼女が抱えている「悩み・不安・不満・願望」には、どんなものがあるでしょうか。

「ご飯のときに、子どもが〝遊び食べ〟ばかりでなかなか食べてくれない」
「この癖が治らなかったらどうしよう」
「時間がないなかで、せっかくつくったのに！」
「パパが協力してくれればなあ」

まずはこのように、普段からその人が言葉にしていることや、脳内でつぶやいているような悩みを書き出していけばＯＫです。「あ〜もう、食べ物を床に落としちゃだめよ！　ちょっと、パパも片付け手伝ってよ！」といったように、周りの人に言ってそうなことを想像してみましょう。

「扇型思考法」で内面を知る

続けて、一段深掘りします。自覚はしているものの口には出ていない、秘められた気持ちを探っていきましょう。

先ほど書き出した「悩み・不安・不満・願望」の一つひとつに対し、**「本当に?」「そもそも?」「なぜ?」「ほかには?」「それで?」**と問いかけていきます。

これは、『「言葉にできる」は武器になる。』という本で紹介されている「T字型思考法」にアレンジを加えたもので、**「扇型思考法」**と呼ばせていただいています。

T字型思考法は「なぜ?」と考えを掘り下げ、「本当に?」で考えを戻し、「それで?」で考えを進める、というやり方です。「内なる言葉を拡張し、解像度を上げていく方法」と説明されています。

私はここに、「そもそも?」と「ほかには?」を付け加えました。「そもそも?」は原点に返る、「ほかには?」は別の選択肢を考えるための問いかけです。

この5つの問いは、サントリーで働いているときによく使っていたものです。

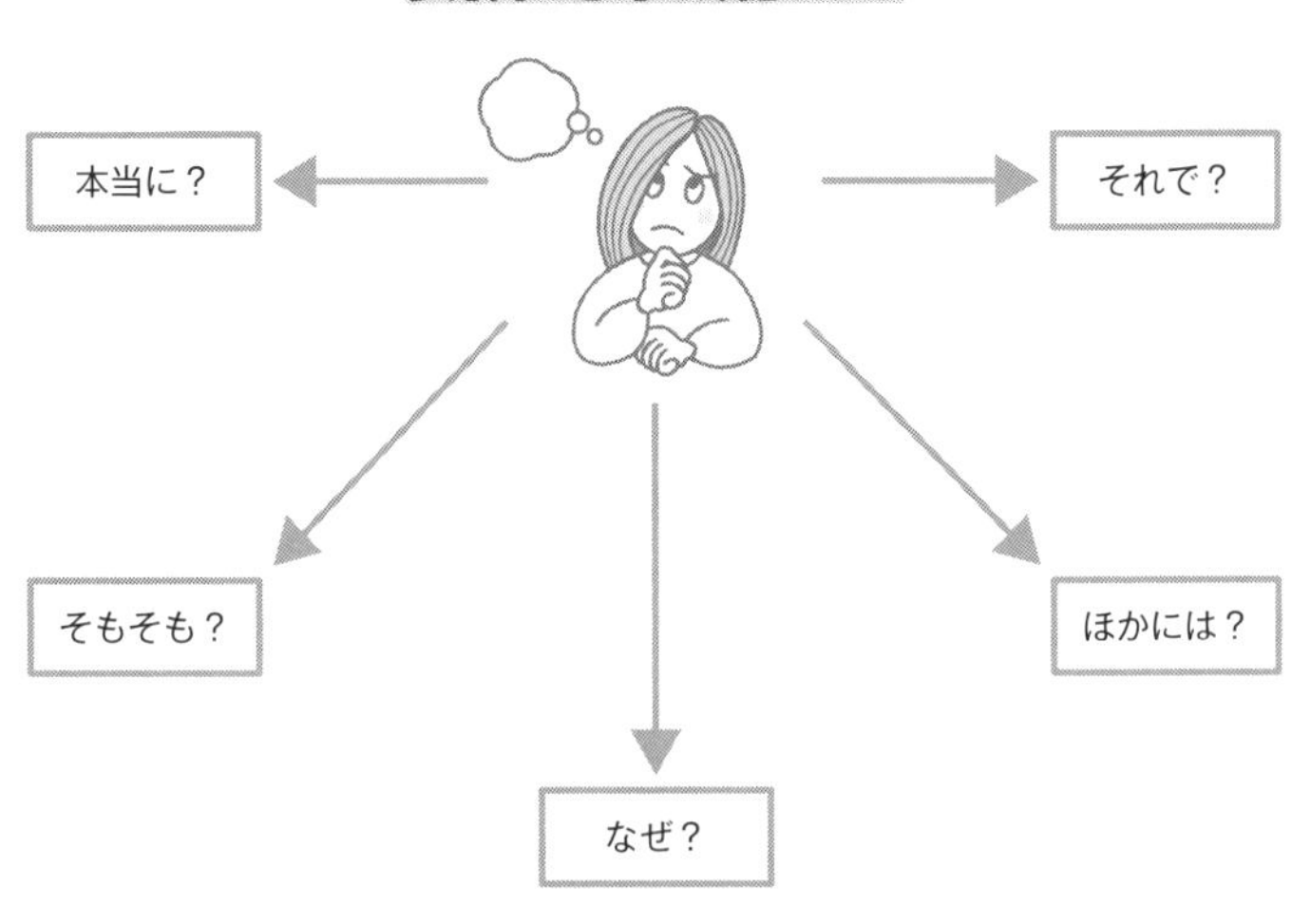

新商品のプレゼンをする際、

「なぜこの企画なの？」

「そもそも当初の企画主旨はなんだっけ？」

「本当に必要なの？」

「それで売り方はどうするの？」

「ほかに方法はないの？」

というように、問いを重ねて企画の完成度を高めていいました。


ペルソナの気持ちについても、扇型思考法によって多面的に思考を深めることができます。

たとえば、「遊び食べに怒ってしまう」という悩みに対し、「本当に？」と問いを投げかけてみます。するとつぎのように、秘められた気持ちが見えてくるはずです。

「怒ってしまうのは、子どものせいじゃないかも。時間がなくてイライラしているせいかもしれない」

あるいは、「遊び食べが治らなかったらどうしよう」という不安に「ほかには？」と投げかければ、「私の料理がおいしくないのかな……」といった別の不安も見つかるかもしれません。

40個の「悩み・不安・不満・願望」に5つの問いを重ね、その答えも付箋に書き出していきましょう。

「なりきり」と「妄想」の技術

とは言え、「それで？」「そもそも？」と考えても、答えが思いつかないこともあるかもしれません。そんなときは、「**なりきり**」と「**妄想**」をしてみましょう。

先ほど紹介したペルソナシートには、「読んでいる雑誌」「好きな本のジャンル／愛読書」「普段情報収集しているサイト」「出没スポット」などの項目があります。

これをもとに、ペルソナが普段読んでいそうな雑誌や本、サイトを眺めてみたり、行きそうなお店に実際に足を運んでみたりします。**ペルソナがやりそうなことを、自分自身も体験してみる**。これが「なりきり」です。

つぎに、「妄想」。これは、ペルソナのイメージに近い人を眺めながら行います。ペルソナがワーキングマザーであれば、夕方に駅前のスーパーに行ってみましょう。そして、周囲を観察します。

「あの人、今どんな気持ちで野菜を選んでるんだろう」
「すごく早足だな、時間がなくて焦ってるのかな。帰ってもご飯をつくる時間はあまりないだろうな」
「買い物しなきゃいけないし、子どもは泣いてるし大変そうだな」

目の前にいる人の表情や仕草を見ていくことで、よりリアルな感情を妄想できるはずです。足を動かし、ヒントを探してみましょう。

悩みの根本にある核心を導き出す

ここからは、ペルソナの「悩み・不安・不満・願望」を書き出した付箋と、扇型思考法の「5つの問い」で書き出した付箋をグルーピングしていきます。

口に出ている気持ちと出ていない気持ちを両方並べ、似ているテーマをまとめていきます。するると、核心に触れる部分が見えてくるはずです。

「これとこれは、自信がないことが根底にあるよね」
「こっちは理想と現実とのギャップで生まれた気持ちだよね」

こんなふうに、共通項を探してみてください。

グルーピングで導き出された核心が「インサイト」です。最初に書き出した気持ちにバリエーションがあるほど、インサイトもたくさん見つかるはずです。

付箋をグルーピングしていく

表面的な悩みと真の悩みは同じではない

イライラしたりモヤモヤしたりするとき、多くの人は自分の表面的な部分しか理解できていません。そうして表層的な悩みの解決方法をインターネットで検索したり、本を読んだりして答えを探しています。

でもそんなとき、誰かにこう言われたとします。

「遊び食べをする子どもに悩んでいるのではなく、本当は『食事もきちんと教えられない自分が情けない……』と悩んでいるんじゃないですか？
あなたの悩みを解決するのは、子どものしつけ方を学ぶことではありませんよ。
あなたは十分頑張っています！　あなたに必要なのは、自信をつけることなんです」

自分の悩みの根本的な原因はこれだったのかと、本人もハッと気付くはずです。
この例では、表面的な悩みは「遊び食べをやめさせたい」「パパが協力してくれない」でしたが、真の悩みは「自分の子育てが大丈夫だという自信が持てない」だったわけです。

このように、**表面的な悩みが真の悩みではない**場合も多くあります。そして、この真の悩みこそがインサイトなのです。

心の奥にあるインサイトを見つけることができると、自分のビジネスのターゲットをありありと想像できるようになります。すると、どんなインサイトにスポットライトを当てたら機能価値や情緒価値へとつながるのかも明らかになるでしょう。

今回の例で言えば、単なる「遊び食べに悩む人」ではなく、「自分の子育てに自信が持てない人」へ向けたメッセージと解決策を考えることができるようになるはずです。前者よりも後者のほうが、より心を動かすことがわかるのではないでしょうか。

インサイトを捉えた商品やサービスは、表層的なノウハウや流行り廃りのものではなく、**本質を捉えた普遍的な価値を生み出します**。それが長く愛されるブランド価値へとつながるのです。

遊び食べ…
イライラ…
治らなかったら
どうしよう…
表層の悩み
深層にある気持ち
時間がなくて
余裕がないかも…
しつけのできない
ダメ親だ…
料理がおいしくない？
インサイト
＝
自分の子育てに自信が持てない

ビジネスの種をつくろう

「自分らしさの条件」×「インサイト」＝ビジネスの種

付箋をグルーピングしていくと、複数のインサイトが見つかります。しかし、そのすべてが自分のビジネスになり得るわけではありません。

これらを第1章で決めた「自分らしさの条件」と照らし合わせて、最も「自分らしさ」が発揮されそうなインサイトを選びます。その組み合わせが、自分にとっての「**ビジネスの種**」になります。

組み合わせは、一対一ではないこともあります。1つのビジネスが複数のインサイトと手を結ぶこともありますし、インサイトを1つに絞る場合でも、ほかを捨てる必要はありません。ビジネスを進めてみて「ちょっと違う」と感じたら、また別のインサイトで試していきます。第1章で紹介した「ライクチキン」を例に見ていきましょう。

自分らしさの条件×インサイト＝ビジネスの種

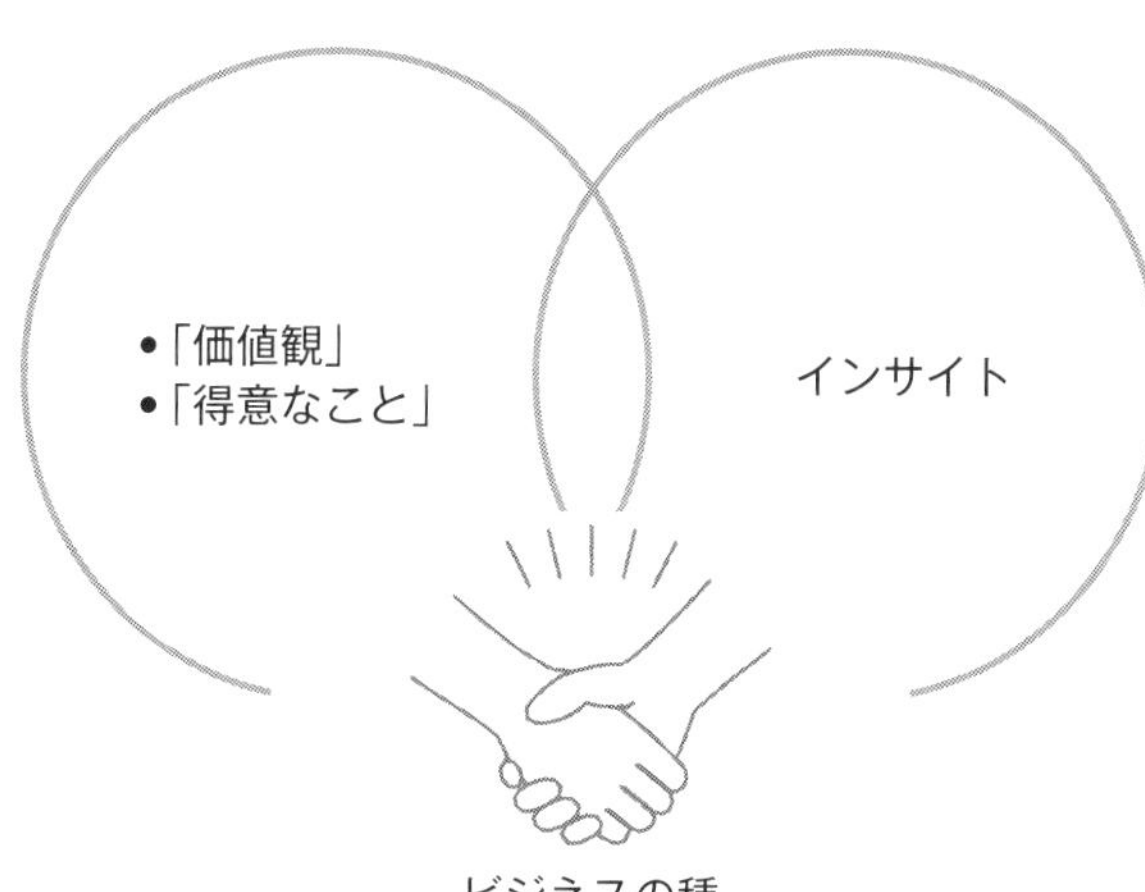

「価値観」と「得意なこと（強み）」につぎのようなことを挙げていました。

価値観

- 地球にやさしく、おいしい暮らしを未来の当たり前にしたい
- その選択を続けられるのは「おいしさ」があってこそ

得意なこと（強み）

- 大豆ミートとは思えない食べ応えのある食感
- お肉と同じように多彩に調理できて料理のレパートリーが広がる
- 飲食店さんからも高く評価されている味わい

この「自分らしさの条件」と手を結んだのが、「地球や体のことを考えて口にするものを選びたいけど、想いだけでは続けられない」というインサイトです。

ビジネスの種ができたら、それが本当にインサイトを満たすものかを検証します。これは、お客さまが商品・サービスによって得られる「ビフォー・アフター」を考えることでわかります。

ビフォーとは、インサイトを抱えるペルソナです。そのインサイトを、あなたが提供する商品・サービスによって満たしてあげる。そうして**変化した姿がアフター**です。

ビフォーからアフターへどのような方法で導くのかが、ブランド・プロポジション（ブランドからの提案）となります。

ライクチキンなら、「地球や体のことを考えて口にするものを選びたいけど、味には妥協したくない」という気持ちを抱えた姿がビフォーです。導けるアフターは「お肉を食べられる人も食べられない人も、『おいしい』をシェアしてみんなで〝一緒〟に楽しい食卓を囲める生活」ですね。

そこから、「味も食感も、まるで本当の鶏肉と間違えるほどのおいしさ」という機能価値と、サステナブルな社会を目指す姿勢という情緒価値を押さえたプロポジションが固まりました。ブランド・プロポジションは「チキン好きが鶏肉と間違えるようなおいしさ」。それに伴い、「アースミート」から「ライクチキン」に商品名を変更したのです。

映画監督になりきって商品・サービスの設計をする

ビフォー・アフターを検証できたら、商品・サービスの細かい内容や、ラインナップ、サポート体制などを考えていきます。

ここで大事なのは、**すぐにアフターへ導こうとしないこと**。

ライクチキンであれば、ペルソナが「おいしさにこだわりたい人」だからこそ、一度も食べたことのない商品をいきなり大容量で購入することは考えにくいですよね。トライアルにふさわしい容量はどれくらいなのか、初めて大豆ミートを調理する人が困ることは何なのかといったことを考えながら、必要な情報やサポートを決めていきます。

また、日々の食卓でお肉と遜色ない存在になっていくためには料理のレパートリーがないとお客さまはアフターにたどり着けません。どんな素材に合うのか、おいしい調理法は何な

小さなビフォー・アフターを積み重ねる

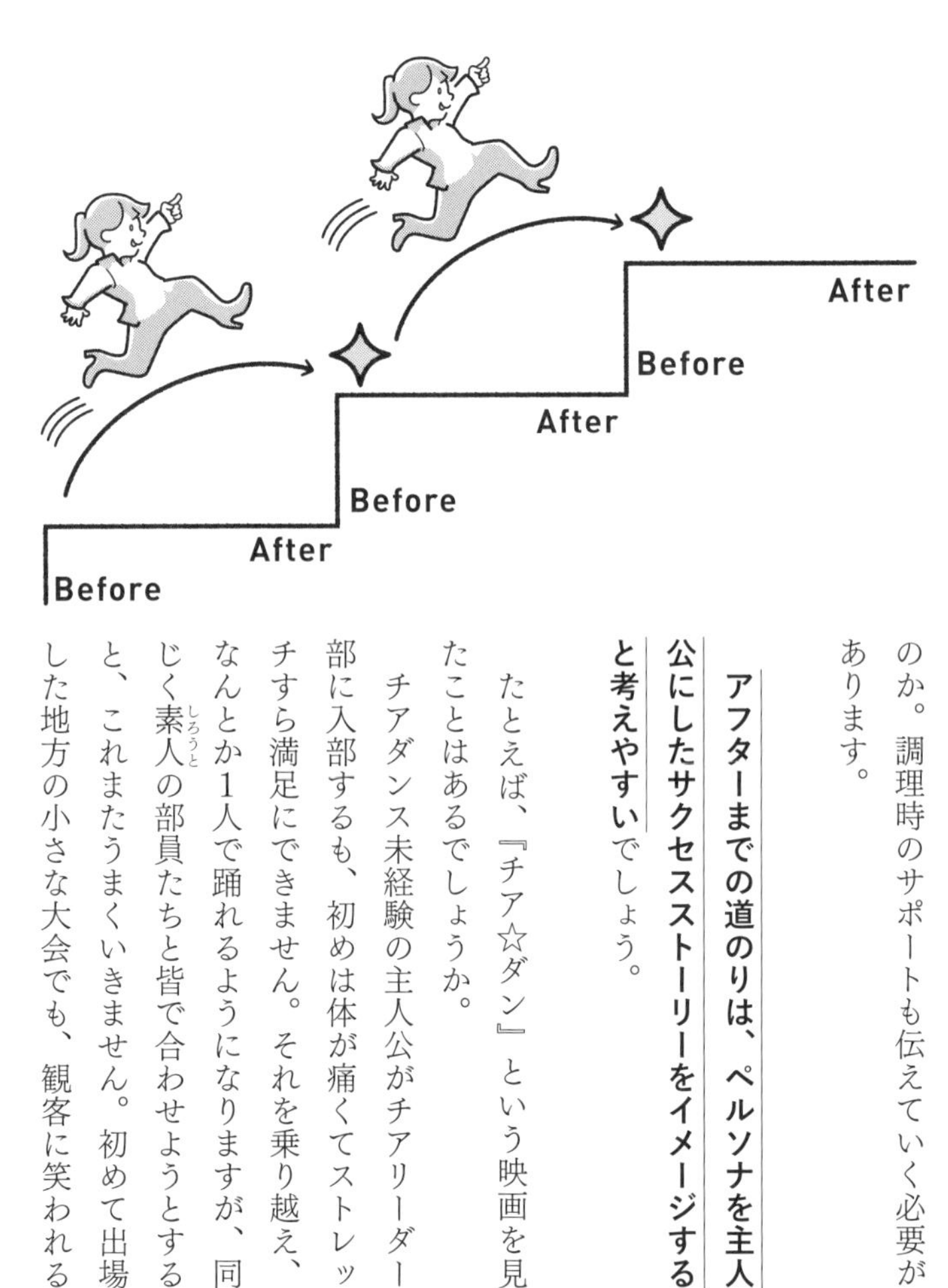

のか。調理時のサポートも伝えていく必要があります。

アフターまでの道のりは、ペルソナを主人公にしたサクセスストーリーをイメージすると考えやすいでしょう。

たとえば、『チア☆ダン』という映画を見たことはあるでしょうか。

チアダンス未経験の主人公がチアリーダー部に入部するも、初めは体が痛くてストレッチすら満足にできません。それを乗り越え、なんとか1人で踊れるようになりますが、同じく素人（しろうと）の部員たちと皆で合わせようとすると、これまたうまくいきません。初めて出場した地方の小さな大会でも、観客に笑われるほどの大失敗をしてしまいます。

そんな苦労を乗り越え、努力を重ねながら、最終的に全米チアダンス選手権大会で優勝する――この映画では、こんなふうに主人公が変化していきました。

チアダンス未経験という「ビフォー」から、いきなり全米大会で優勝という「アフター」には行けませんよね。まずは1人で踊れるようになる。それができたら皆で合わせて、地方大会に出場して……といったふうに、少しずつ変わっていきます。

アフターまでの道のりを細分化し、小さなビフォー・アフターを設定する。そんな意識で、お客さまが無理なく変化できるような階段をつくっていきましょう。

商品・サービスは継続性のある仕組みを考える

アフターへの道筋を細分化して、ストーリー仕立てにする。これは、「**継続性**」を持たせることでもあります。第6章でもお話ししますが、安定した売り上げをつくるためには、お客さまが何度も来てくれる仕組みをつくることがとても大事です。

「1つ買って終わり」「一度習って終わり」のビジネスでは、つねに新しいお客さまを集める必要があります。こうしたモデルが悪いということではありませんが、新規集客にばかり労力を割かれてしまうと、体力のない個人や小さな会社は疲弊してしまいます。

なるべく継続性を持たせ、お客さまの愛着が深まり何度も購入してもらえる仕組みをつくっていきましょう。

そのためにも、描いたビフォー・アフターはしっかりお客さまに伝えます。

「3カ月間使い続けると、最終的にこんな変化を感じられます」
「レッスン1を受けると、ここまでのスキルが身につきます」

何事も、「1回使う（習う）だけで大変身！」ということはまずありません。

仮にそうなったとしても、時間が経つとビフォーに戻ってしまう場合が多いでしょう。

商品・サービスを継続的に利用してもらうことで、より揺るぎないアフターを提供できるはずです。

そのため、継続する必要性をお客さまにもきちんと伝えておきます。集客のためには「たった1回でこんなに変わるんです！」とアピールしたくなりますが、それでは結果的にお客さまのためにもなりません。

とくに、**知識やノウハウを教えるサービスでは継続してもらうことが大切です**。たとえば同じ8時間のレッスンであっても、1日にまとめて受講するのと、4回に分けて2時間ずつ受講するのでは後者のほうが効果的です。一気にインプットしようとすると、「ただ知識を詰め込む」という姿勢になりがちだからです。

料理やヨガなどでも、習った直後は「簡単だな」と感じても帰宅して実践してみると思うようにできなかったという経験はないでしょうか？　スキルというのは、先生に質問したり、復習したり、実践を繰り返しながら身についていくものなのです。

何度かに分けて習うことで、レッスンの合間に学んだことを復習し、少しずつ学びを深めることもできる。そうしたことを丁寧に伝えて集客したほうが、お互いに良い結果になるはずです。

customer's AFTER

失敗しないための「テストマーケティング」

モニター調査で改善点を見つける

「自分らしさの条件」と手を結びそうなインサイトからビジネスの種を見つけ、具体的な商品・サービスの設計も終わった。「いよいよビジネス開始！」といきたいところですが、やはり「まだ怖い」と感じる人もいると思います。資金力に欠けるスモールビジネスでは、失敗の確率をなるべく下げておく必要があります。

そこで、本格的にビジネスを始める前に「**テストマーケティング**」を行いましょう。テストマーケティングでは、実際にその商品・サービスの体験をしてくれる「モニター」を探します。モニターの感想を聞くことで、自分のビジネスが世の中に受け入れられるものであるのかどうかを検証するのです。モニターの意見をもとに、商品・サービスの改善をすることもできます。

あくまでも「テスト」なので、**この段階で利益を求める必要はありません。**実際のビジネスとして想定している単価より安く、儲けはなくても大きな赤字にはならない程度の値段で試してみましょう。ここで大事なのは、実際にお客さまをアフターに導けるものになっているかという確認です。

ただし、**無料はなるべく避けましょう。**人はお金を払わないことに本気にはなりません。

また、**モニターは最低でも5人**にはお願いしておきます。まずは家族や知人など、身近な人で構いません。

ペルソナに近い人に体験してもらうのが理想ではありますが、いろいろなタイプの人に試してもらうのも参考になります。「こういうタイプの人は、このインサイトは持っていないな」「意外とこういうタイプの人も反応してくれるんだな」といったことがわかっていくでしょう。

全員に受け入れられる必要はない

モニター体験の後には、必ずアンケートをとります。

聞いておくべきは、モニターにとってのビフォー・アフター。商品・サービスを購入する前にどんな悩みを持っていたか、どうなりたかったか、そしてそれが実現できたかどうか、といった部分です。

ビフォーを確認するということは、つまりインサイトを確認するということになります。自分が設定したインサイトに関して、「そうそう、どうしてわかったの？　こういうの待ってた！」と言ってくれれば成功ですね。

逆に、「別にそんなことには悩んでいません」あるいは「悩んではいるけど、お金を払ってまで解決したいとは思っていないな」と言われてしまうこともあります。

しかし、すべての人に受け入れられる必要はありません。

モニターの段階で、**1人でも「もっとお金を払ってでも欲しい」と言ってくれればOK。**

モニターアンケート例

この度はモニターアンケートにご協力くださりありがとうございます。
できるだけ具体的に教えてください。

①開始前はどのようなことに悩んでいましたか？（Before）

②どのようになることを期待して開始しましたか？（期待していたAfter）

③実施後、どのような変化がありましたか？（実際のAfter）

④満足度を教えてください。

5	4	3	2	1
満足	やや満足	普通	やや不満	不満

その理由を教えてください。

⑤（④で3～5と答えてくださった方）どんな人におすすめしたいですか？

ご協力ありがとうございました！

十分ビジネスの種として可能性があります。

10人中の1人であれば10パーセントです。仮に1万人にアプローチできれば、1000人がお客さまになってくれるわけです。

もちろん、実際にはそこまで単純ではありません。しかしその10パーセントにしっかり価値を伝えられれば、必ずマネタイズできます。お客さまが少数でもOKなのが、スモールビジネスのメリットでもあるのです。

アフターを確認してビジネスを磨き上げる

最後に、テストマーケティングで大事なのが**アフターの確認**です。

ビフォーを適切に設定できていたとしても、想定していたアフターとモニターの現実とは、完全に一致するものではありません。

実際に体験してもらったモニターの意見を聞くことで、ビジネスの改善に役立つ情報を集めることができます。


「提供する順番を変えたほうが良さそうだな」

「もっとこういう情報があったほうがいいな」
「これは詳しく教えなくても知っているのか。じゃあコンテンツから外そう」

このように、より商品・サービスを洗練させていくことができます。
あるいは、想定していたビフォー・アフターを見直す必要もあるかもしれません。

「別のインサイトをもとにしたほうが、お客さまの心に刺さるかも」
「もっと違うアフターを望む人のほうが多そうだな」

このような気づきをもとに、ビジネスを磨き上げていきます。「これでいける！」という確信が持てるまで、**テストマーケティングと改善を、試練ではなく攻略していく「ゲーム感覚」で繰り返す**ことができればベストです。ここで気を付けなければいけないのが、**「自分らしさの条件」を忘れないようにする**ということ。

ビジネスの初期段階では、ついついお客さまの意見をすべて反映しがちです。改善しようとすることは問題ないのですが、「自分らしさ」が犠牲になるような修正は必要ありません。原点を見失わないようにしましょう。

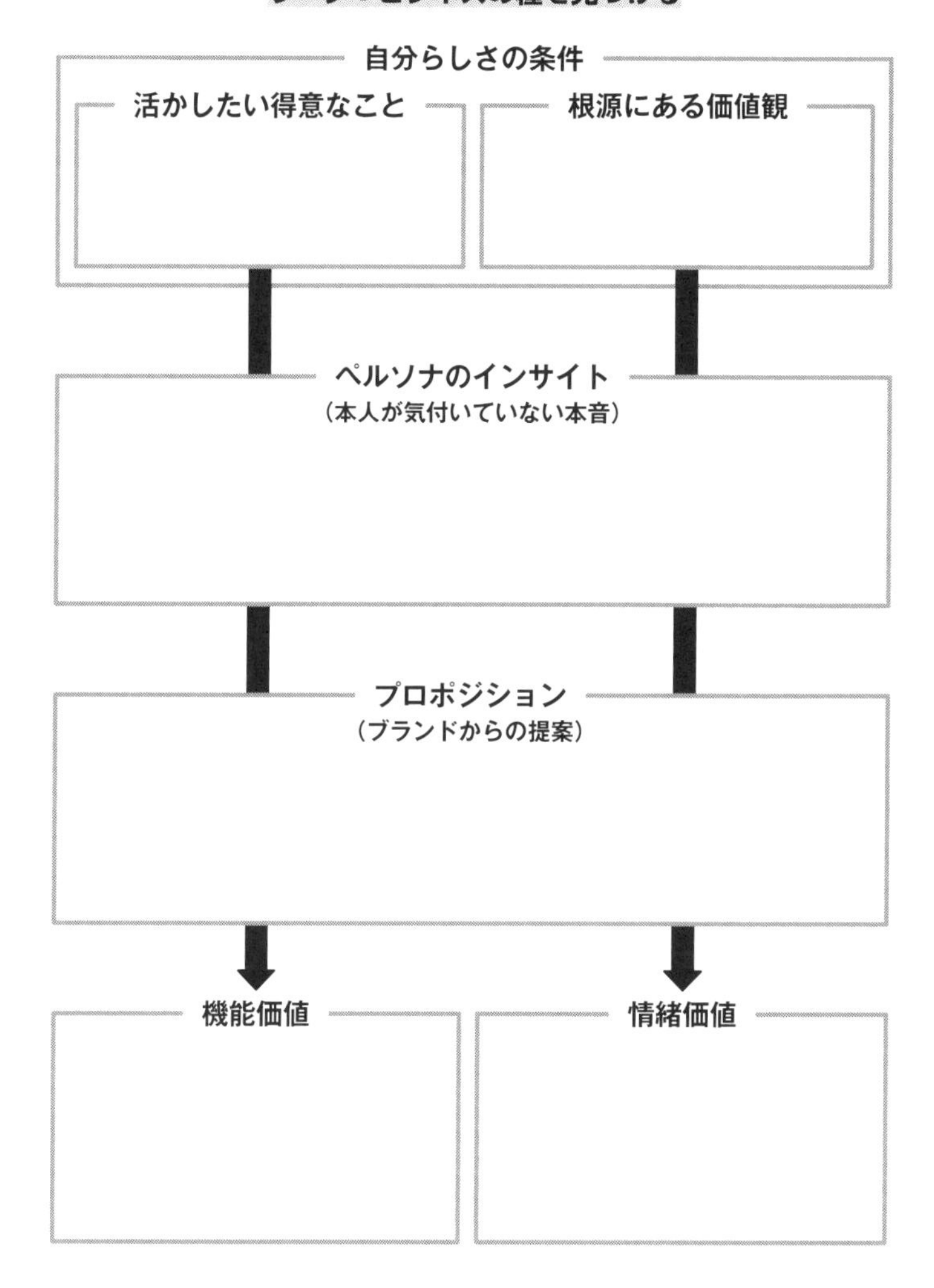
ワーク：ビジネスの種を見つける
自分らしさの条件
活かしたい得意なこと
根源にある価値観
ペルソナのインサイト
（本人が気付いていない本音）
プロポジション
（ブランドからの提案）
機能価値
情緒価値

第2章のポイント

- 本人さえも気付いていない本音＝インサイトを見つけるために、ペルソナを細かく設定しておく。ペルソナは、「理想のお客さま」から考えるのがおすすめ。
- インサイトは、悶々とした負の感情を深掘りして探してみよう。
- 「自分らしさの条件」とインサイトが重なるものが「ビジネスの種」になる。
- ビジネスの種の検証と商品・サービスの設計は、提供すべきビフォー・アフターに基づいて進める。
- まずはテストマーケティングでビジネスをスタートさせよう。この結果についてもビフォー・アフターを確認し、商品・サービスを磨き上げる。

第3章

市場に「聖域」を見つければ怖くない

自分以外に目を向ける

選んでもらうための「独自ポジション」

第2章までに考えたのは、「自分らしさの条件」とお客さまのインサイトが手を結べるビジネスです。ここで見えてきたものは自分ならではのビジネスの種であり、この時点でも価値を生み出すものになっていると言えます。

しかし市場には、自分と近い商品・サービスを提供しているライバル（競合）が必ずいますよね。

そこで必要になるのが、**自分のビジネスの訴求ポイント＝「独自ポジション」**。どういう点が自分のビジネスならではの特徴なのか。つまり、商品・サービスがどんな独自の価値を備えているのか。競合との違いをもとに、市場のなかに独自ポジションを構築します。

これは、競合が数多(あまた)いるレッド・オーシャンで埋もれるのではなく、自分を選んでくれたお客さまが集まる、自分だけのブルー・オーシャンを生み出しビジネスをするということ。独自ポジションは、競合に邪魔されない**「市場のなかの聖域」**になるのです。

自分の独自ポジションをどのように見える形にしてお客さまに伝えていくかは、第4章でお伝えします。この章では、その見つけ方を考えていきましょう。

3C分析で自分を俯瞰する

自分を取り巻く環境を俯瞰(ふかん)して捉える際、参考になるのが**「3C分析」**です。3C分析とは、「Company（自社）」「Customer（市場・顧客）」「Competitor（競合）」という3つの視点で分析するフレームワークのことです。

3C分析では、まず「自社」の特徴を洗い出します。つぎに、「市場・顧客」を分析し、どんなものが求められているか、ニーズがどのように変化しているかを知ります。

実は、第1章でやってきたことが3C分析の「自社」分析、第2章でやってきたことが

「顧客」分析だったわけです。そして、「競合」がその市場にどのように対応しているかを本章で考えます。

3C分析で成功した一例として、サントリーの缶チューハイについて紹介します。

2000年代初頭、缶チューハイで売れていたのはキリン「氷結」。フレーバーのラインナップも多彩で、幅広い層からの人気を博していました。しかし缶チューハイの市場・顧客を分析したところ、「もっと軽く飲みたい」「甘いチューハイは食事に合わない」といったニーズもあることがわかりました。

そこでサントリーが発売したのが、アルコール度数3パーセントの「ほろよい」や、食事に合う味わいの「−（マイナス）196℃ストロングゼロ」。どちらもチューハイの定番ブランドとして、長く愛される商品になりました。

2つの商品がヒットした要因は、**市場・顧客を分析し、競合がまだ掴んでいないニーズを見つけ、形にしたこと**。独自ポジションは、自分だけを見ていては生み出せないわけです。

市場・顧客の分析方法としては、Google のキーワード検索や Instagram のハッシュタグ検索といったネット検索があります。自分のペルソナが検索しそうな言葉で調べてみましょう。

「独自ポジション」を見つける3C分析

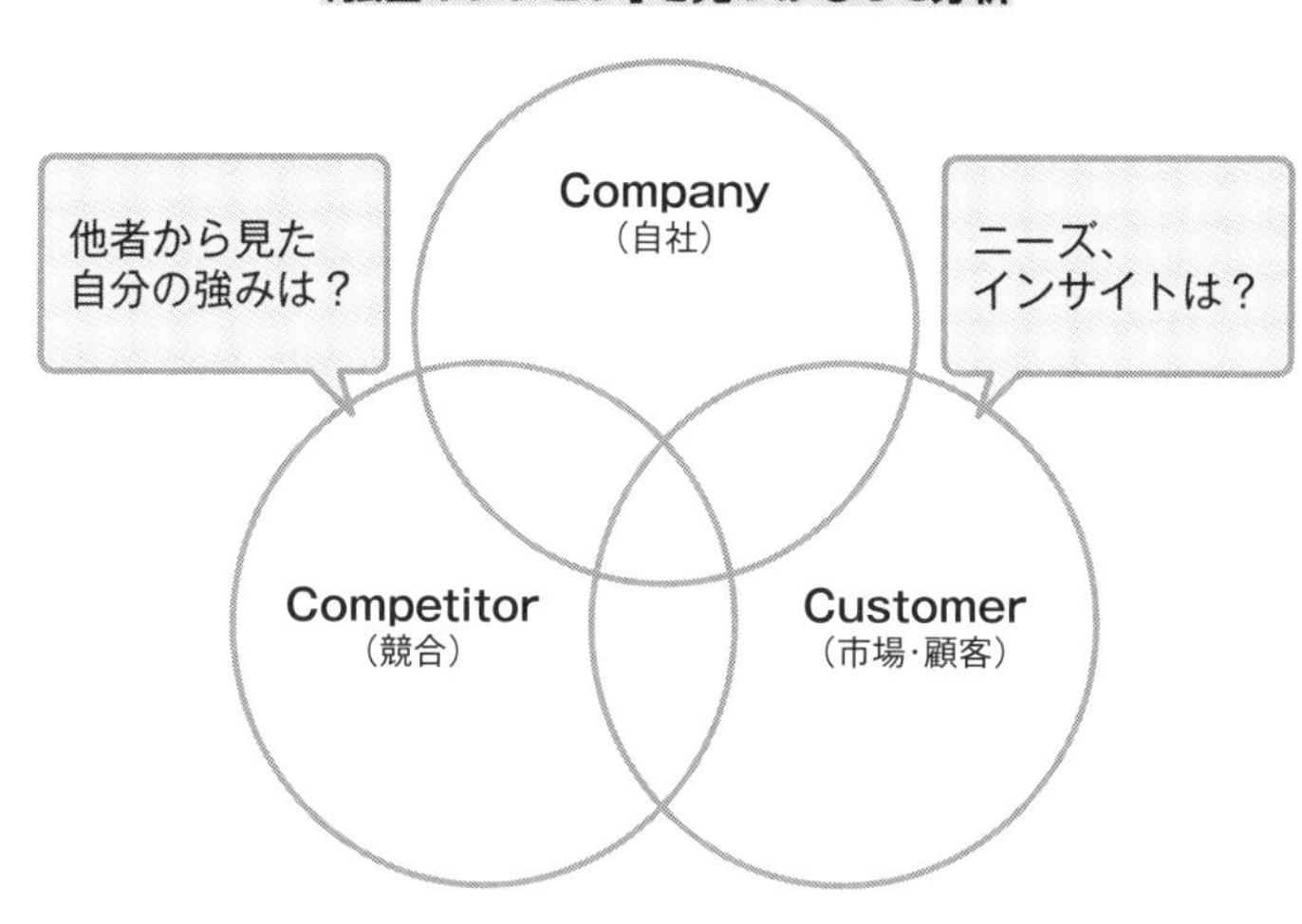

大企業が行うような詳細な調査は必要ありませんが、市場の流れを俯瞰して見ることは必要です。飲食をビジネスにしているのであれば、「どうしてタピオカが流行って、どんなふうにブームが終わったんだろう」「飲食のトレンドはＳＮＳ映えなのかな、食感もポイントなのかな」といったことです。

競合についても、ネット検索で十分です。ホームページにあるコピーやＳＮＳの発信を見るだけでも、その会社の商品・サービスのコンセプトや特徴がわかるでしょう。

「軸の3次元化」で市場を広く捉える

平面のポジショニングマップでは違いが見えにくい

市場における自分のポジションを考えるとき、通常は「ポジショニングマップ」という2つの軸を使ったマトリクス図が用いられます。

たとえばファストフード店を「高い／安い」「健康的／ジャンク」といった軸で分け、空いているポジションを探してみます。

安くてジャンクなポジションはマクドナルドが強い。中間層にはモスバーガーなどがある。であれば、ヘルシー路線で低価格帯のお店にできないか、といったイメージです。

ポジショニングマップも有効ですが、平面を4つに分けただけでは独自ポジションを見いだしにくいことがあります。自分が狙ったポジションには、すでにライバルがいる可能性が

2軸のポジショニングマップ

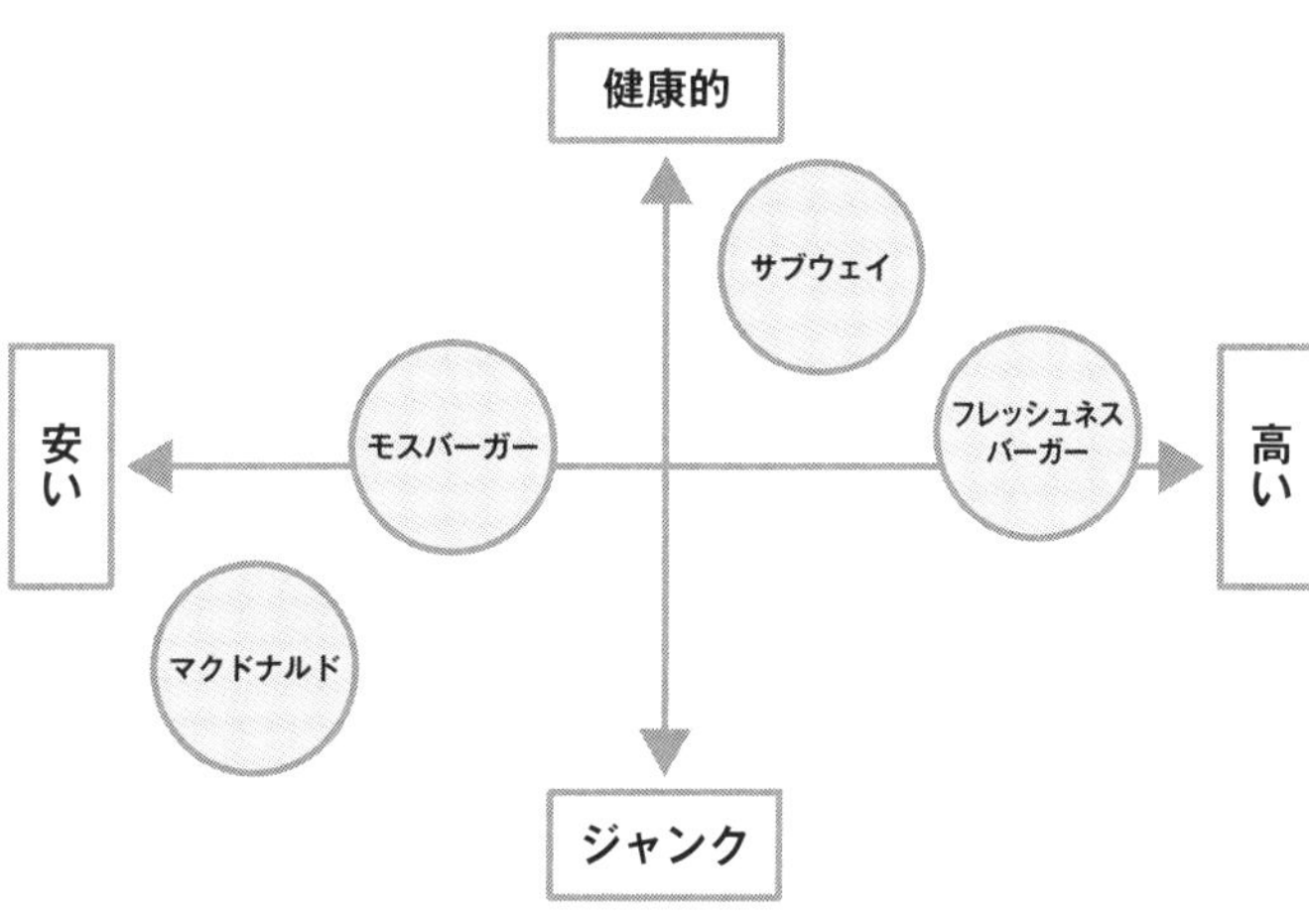

あるからです。

そこで、もう1軸を考えます。平面であるマトリクス図に1軸加え、3次元にするイメージです。すると市場をより広く捉えることができ、空いているポジションを探しやすくなります。これが**「軸の3次元化」**です。

ただし、注意点があります。空いているポジションを見つけたとしても、「空いているから」という理由だけでそこに独自ポジションを置こうとするのはNGです。

自分の「価値観」と一致していて、「得意なこと」を活かせるかどうか。「自分らしさの条件」に基づいているか、確認しながら軸を決めましょう。

どんな軸を置くかが独自化のポイント

では、どんな軸を置けばいいのでしょうか。

最初の2軸は、商品・サービスの機能価値から考えればいいでしょう。ファッションアイテムであれば「仕事用／普段着」、英語教室であれば「初心者向け／上級者向け」などです。お客さまが商品を選ぶときの、実用面での基準を軸にします。

3軸目は、情緒価値に基づいたものにします。「家族の時間を大事にしたい／一人の時間を大事にしたい」「成長していきたい／平穏が好き」など、「価値観」から考えます。マッピングしやすいよう、軸は対になる言葉を選びましょう。

ライクチキンでは、「お肉っぽさ／大豆っぽさ」「日常／非日常」という2軸を置いていました。おいしさ・日常での使いやすさという、機能価値の軸です。

ライクチキンが目指すのは、「お肉を食べられる人も食べられない人も『おいしい』をシェアできる食卓」です。おいしさには定評がありましたが、このポジションにはスーパーな

3次元で「独自ポジション」を考える

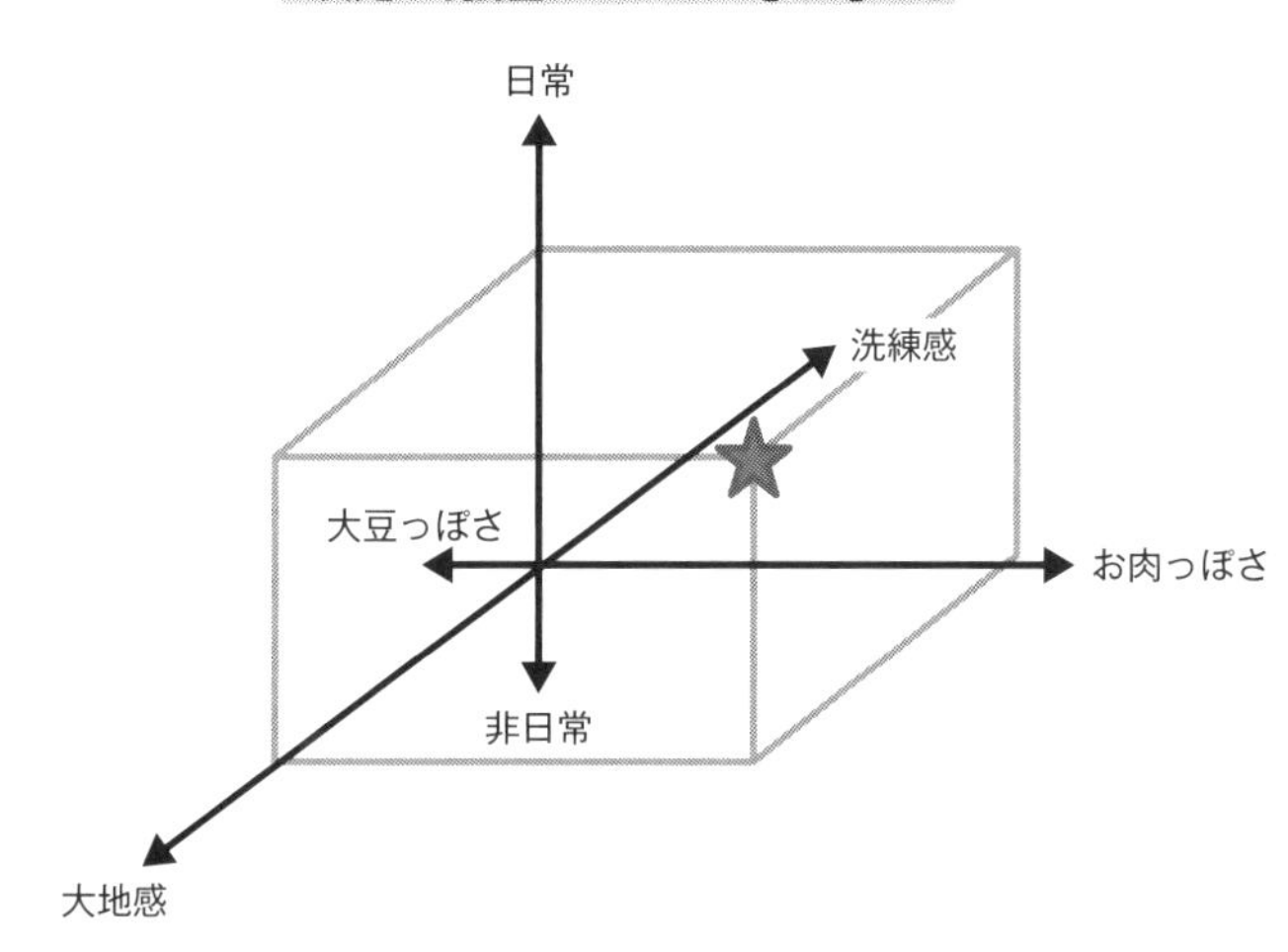

どの販売経路を多く持つ大手メーカー含めてたくさんの競合がいました。

そこで3軸目として置いたのが「**大地感／洗練感**」という情緒価値の軸です。

市販されている多くの大豆ミート商品は、素材のナチュラル感に重きを置いた表現の商品が多かったのですが、ライクチキンの強みの1つとしてあったのが「トレンドに敏感なエシカルな飲食店さんでお取り扱いがある」ということでした。

そこで、「地球のことを考えて選ぶというその選択はオシャレでセンスが良いものである」という情緒価値を持った独自ポジションを見いだし、販売経路もオンラインショップに限定したのです。

軸には、「絶対にこれでなければならない」というたった1つの正解はありません。

たくさん書き出すなかで、**独自ポジションになり、かつ「自分らしさの条件」に沿ってくれそうなものを選ぶといい**でしょう。

他業界もヒントになる

軸を考えるときは、他業界のビジネスもヒントになります。

私のクライアントに、ソムリエの資格を持つ山田マミさんという人がいます。ソムリエはレストランで働くのが一般的ですが、彼女が行っているのは「ワインフィッター」というWEBサービス。お客さまが銘柄を指定して購入するのではなく、ヒアリングから最適なワインをセレクトして届けるというものです。

「酸味のあるワインで、予算は5000円くらいで2本選んでください」というざっくりしたオーダーでも、ぴったりの銘柄をセレクトしてくれるのが特徴です。銘柄の指定が必要ないため、ワインに詳しくない人からも人気を集めています。

このサービスの発想は、お花屋さんをヒントに生まれました。

花束を買うとき、「バラを2本にガーベラ3本、カーネーションを1本に……」と注文する人は少ないはずです。もっと抽象的に、好みや用途、予算から「全体的に黄色っぽい感じで、少し赤を入れてください。あまり長くせず、丸っこく見える感じがいいかな。予算は3000円くらいでできますか?」といった注文をしますよね。

「自分で選ぶ／人に選んでもらう」という軸について、WEBのワインショップでは前者しかなかったところを、後者を提供しているお花屋さんからヒントをもらったわけです。独自ポジションを見つけるには、他業界にも目を向けてみましょう。

スモールビジネスでは価格を軸にしない

軸の3次元化で成功した例としては、「ワークマンプラス」も挙げられます。

これまでのワークマンは、作業服専門メーカーとして「低価格」で「高性能」という独自路線を進んでいました。これはこれでブルー・オーシャンでしたが、「ワークマンプラス」という新業態では、そこにデザインの軸を加えました。

「高性能」で「デザイン性が高い」ものは「高価格」なアウトドアブランドしかなかったところに、「高性能」で「デザイン性が高い」のに「低価格」、というポジションをとったのです。結果、今や大人気のブランドになりました。

このように、「低価格」は集客において強力な武器になります。

ただし、**スモールビジネスで「低価格」にポジションを置くのは少し危険です。**

大企業の場合は、大量生産によって低価格を実現することは難しくありません。一方で体力のないスモールビジネスは、価格競争に陥ると疲弊してしまいます。一度低価格のブランドイメージがつくと抜け出すのが難しくなるので、ビジネスの初期段階にもおすすめできません。

価格ではなく、「**この価格設定でお客さまに感じてもらう価値とは何か**」を考えて、違う言葉に変換したものを軸にしたほうがいいでしょう。

「高価格／低価格」ではなく、たとえば「手仕事の限定品／機械で大量生産」という軸を考えれば、高価格であることも商品の魅力に変わります。

自分と同じビジネスは存在しない

比較はしても優劣はつけない

独自ポジションを見いだしていく際、必要なのは他者との比較です。

最近は「人と比べない生き方をしよう！」というように、比べることを悪とするような風潮もあります。でも私は、「大いに比べてください」と言っています。人は必ず、自分とは異なる他者との対比によって自分の個性＝「自分らしさ」を認識していくからです。

ただし大事なのは、**比較はしても優劣はつけない**こと。

実際に競合分析を始めると、すでに活躍している企業や個人が目につきます。すると、「この会社すごいな、いまさら新規参入する隙なんてないんじゃないのかな……」という不安が生まれがちです。

SUCCESS!
ONLY ONE!

しかし、気にする必要はありません。競合のお客さまを奪おうとしなくてもいいのです。ただ、**自分らしいビジネスに共感してくれる人をお客さまにすればいい。**知る必要があるのは「違い」だけで、どちらのほうがすごいか、といった優劣をつけることに意味はないのです。

競合を見て「私よりすごい」と感じてしまったときこそ、冷静に3つの軸で分析してみましょう。そうすれば、「**ただポジションが違うだけなんだ**」とわかるようになります。「この人はこの軸とこの軸で勝負しているんだな、なるほど。私は別の軸だから気にする必要ないな」と考えれば、不安はなくなるはずです。そのためにも、自分らしさを活かせる軸を見つけましょう。

情緒価値は誰にも真似できない

ビジネスをしているうちに、新たな競合が登場することもあります。その場合も、「自分の軸」さえ認識しておけば怖くはありません。

機能価値は真似されたり同様のものが出てきたりしやすいのですが、情緒価値がまったく同じということはあり得ません。**情緒価値は自分だけの「価値観」に基づいた、唯一無二のもの**だからです。

私の場合も、ブランディングやWEBマーケティングのノウハウといった機能価値にあたる部分はコピーされる可能性があります。しかし、私が大事にしている「自然体でいること」「真摯に自分と向き合うこと」は、私の「価値観」に基づいたオリジナルのコンセプトです。仮に「自然体」という同じ言葉を使っていたとしても、「自然体」とは何をもって言うのか、なぜその方法で「自然体」が叶うのか、という言葉の定義まで一緒になることはないでしょう。

もし「お客さまを奪われた」と感じることが起きたのなら、それはむしろ商品・サービスの独自価値を見直す良い機会です。

ポテンシャルのある市場であれば、新たな競合が参入する可能性は大いにあります。競合にも唯一無二の情緒価値があり、それに共感する人がいる。比べて違いを知ることで、より独自価値・独自ポジションを明確にしてさらに磨きをかけることができるはずです。

競合は自分を脅かす存在ではなく、共に市場を成長させる良きライバルなのです。そんな気持ちで捉えれば、ギスギスした気持ちや焦りもなくなっていくでしょう。

ニッチであることがヒットの条件

より尖った特徴に人が集まる

料理ブロガーの、はらぺこグリズリーさんという人をご存じでしょうか。初めての著書が「第4回料理レシピ本大賞」を受賞、シリーズ累計100万部を超えるベストセラーとなり、今や大人気の料理家になっています。

この本のタイトルは、『世界一美味しい煮卵の作り方』。サブタイトルに「家メシ食堂 ひとりぶん100レシピ」とあるように、実際は煮卵以外のレシピも100個掲載されています。しかし、煮卵だけにフォーカスして売り出されました。

ご本人のブログによると、当初は料理ブロガーとしてそれほど知名度がなかったそうです。知名度の低い人の初著書のタイトルが、もし『家メシ食堂 ひとりぶん100レシピ』だっ

自分の特徴を際立たせる＝ニッチに攻める

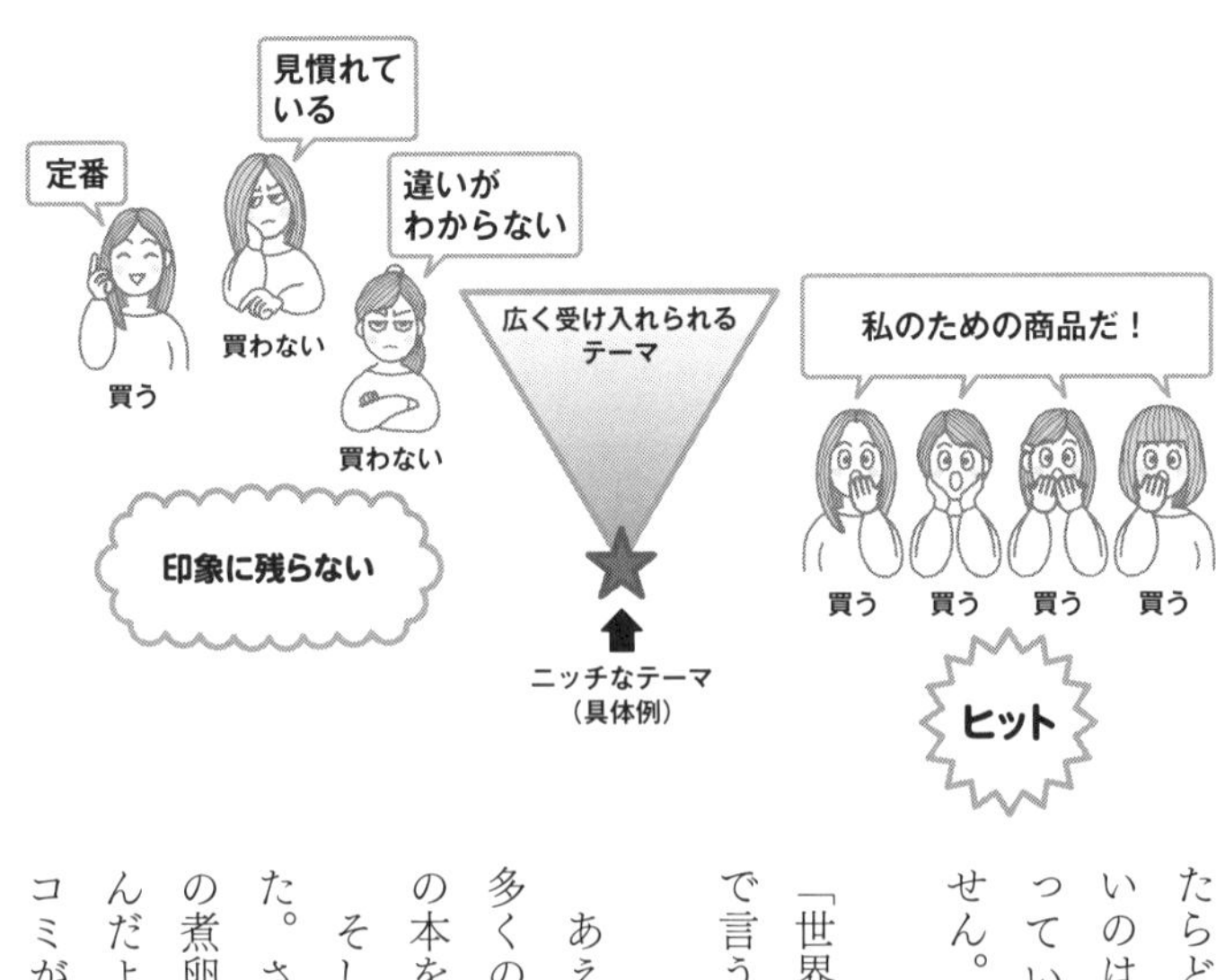

たらどうでしょうか。あまり魅力的に感じないのは、私だけではないと思います。そうなっていたら、ヒットしなかったかもしれません。

「世界一おいしい煮卵？　本当に？　そこまで言うなら、つくってみたい」

あえて煮卵にフォーカスを絞ったことで、多くの人は、そんなふうに興味を惹かれ、この本を手にとったのだと思います。

そして煮卵をつくって、本当においしかった。さらにほかのレシピも試して、「あの本の煮卵、つくってみたら本当においしかったんだよね。ほかのレシピも良かったよ」と口コミが広がっていったのだと思います。

軸を3次元化して、自分の特徴を際立たせる。これは言い換えると、**よりニッチに攻めていく**ということです。

こう言うと、「ニッチにしたぶん、見込み客が減ってしまうのではないか」と心配になる人もいるでしょう。

しかし、そんなことはありません。**尖った特徴ほど、お客さまに具体的な魅力が伝わります**。そして、お客さまも口コミでほかの人たちに「ここがすごかった」と魅力を伝えやすくなります。さらに「私のための商品だ！」と感じることによって、似たような価値観を持つ人にも薦めてくれる可能性があります。

今の時代はインターネットがありますから、**強い共感が不特定多数に広がりやすい**のです。そういう意味でも、切り口を尖らせてニッチな特徴を強調することは大事です。

削ぎ落とす勇気も大事

ビジネスを続けていくと、別の展開を考える必要も出てきます。

しかし、あれもこれもと要素を詰め込むと、相手に「何屋さんなのか」が伝わりにくくなってしまいます。イタリアンレストランがラーメンも出していれば、なんのお店かわからなくなりますよね。

私の場合、ブランディングに加えてWEBマーケティングの仕事もしています。しかし最初の自己紹介で言うのは、「ブランディングをしています」だけ。そして、サービスを提供する過程でWEBマーケティングの紹介をしていくようにしています。

入り口の段階ですべてを伝える必要はありません。独自ポジションをしっかり伝えるには、削ぎ落とす勇気も大事です。

なお、「一度決めた独自ポジションは絶対に変えてはいけない」ということはありません。「自分らしさの条件」から外れてはいけませんが、時代と社会の変化に合わせた調整は必要です。それに、どの軸にフォーカスすればお客さまに響くかも、ビジネスを進めていくなかで変わっていくでしょう。

ビジネスの成長によって、当初はとれなかったポジションに移行できる可能性もあります。

つねに自分のポジションを見直す意識を持つようにしましょう。

ワーク：独自ポジションを考える

ブランドの軸に置く3つのキーワード

＊機能価値から2つ、情緒価値から1つ挙げてみよう

①

②

③

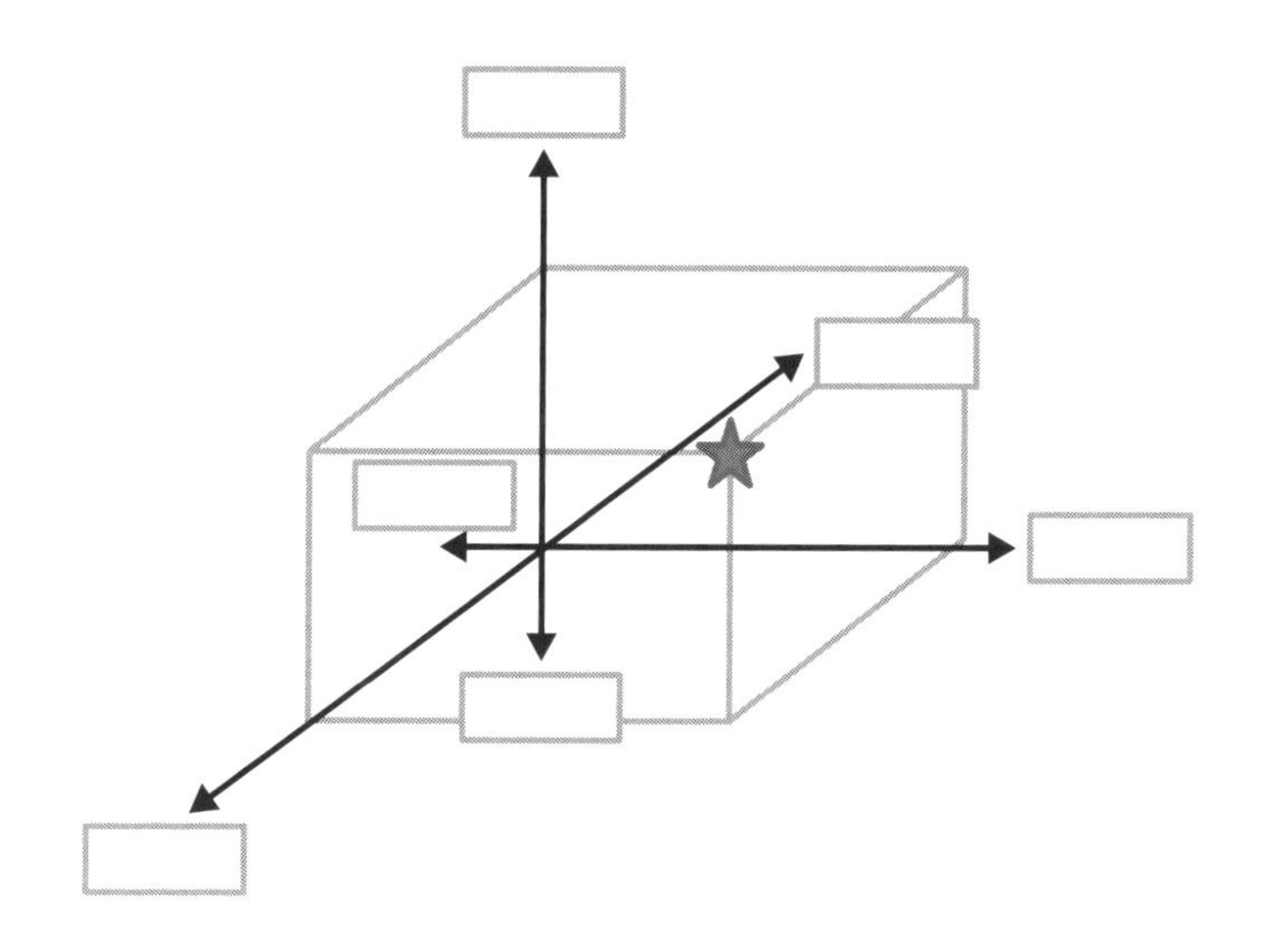

第3章のポイント

- 自分のビジネスを俯瞰して考えるときは、3C分析が参考になる。
- 独自ポジションは、3つの軸で市場を捉えることで見えてくる。機能価値をもとに2つ、情緒価値をもとにもう一つの軸を考えるのがおすすめ。
- 競合との比較はしても、優劣はつけない。知る必要があるのは「違い」だけ。
- 特徴を尖らせるほど、お客さまに具体的な魅力を伝えやすくなる。

第4章

「WEB上の看板」をつくる

選んでもらうための「キービジュアル」

ビジネスの形は大きく変わっている

私は起業したとき、知人からこんな言葉を掛けられました。

「友だちをなくさないようにね」

「頑張ろうとしているときになんてことを言うんだ！」という話ですが、これは私がＳＮＳやブログを使ってビジネスを展開していたからでしょう。起業したのは２０１８年ですが、「ＷＥＢで稼ごうとしている人はなんだか怪しい」という風潮がまだ強かったようです。

たしかに、ＷＥＢ上の情報は玉石混交です。ネットビジネスのなかに悪徳商法が存在することも否定はしません。

しかしこれだけインターネットが生活に浸透するなかで、いまだにＷＥＢを使ったビジネスすべてを「怪しいもの」とする考え方は時代遅れです。

とくに２０２０年には、世界を襲ったコロナショックにより、ビジネスシーンも大きく様変わりしました。日本国内で緊急事態宣言が出て以降、リアルからオンラインへの転換は勢いを増しています。


これからは、ＷＥＢを活用することが必須の時代になっていきます。

それも、「使うほうが有利」ではなく「使わなければ不利」という時代です。自分のやり方が変わらなくても、周囲はＳＮＳやブログといった強力な武器を装備する。すると、相対的に自分のビジネスが不利になる。ＷＥＢ上への展開は、避けて通れないわけです。

店舗型のビジネスであっても、看板やチラシを見てすぐに来店する人はあまり多くありません。ＷＥＢで情報を探して確信を持って実際に足を運ぶほうが、今は大半ではないでしょうか。

たまたま手にしたチラシを読んで、興味を持つ。チラシに載っている内容をもとにＷＥＢ

検索し、どんなお店なのか、どんなメニューがあってどんな雰囲気なのかを確認する。検索して情報が得られなければ、利用を躊躇する可能性さえあります。

どんなビジネスでも、WEB上での発信は必須なのです。

WEBではなかなか伝わらない

ただし、WEBにも弱点があります。それは、**リアル以上に「伝えたいこと」が伝わらない**ということ。

飲食店の近くを通るときは、おいしそうな匂いがしたり、お客さんの楽しそうな雰囲気が伝わったり、店員さんの元気な声が聞こえてきたりします。あるいは「老舗」と呼ばれるようなお店には、古き良き時代の雰囲気を醸し出した、独特の存在感があります。「うちの店はこんな店です」とアピールしなくても、五感を刺激する情報が自然と伝わるわけです。

ところがWEBでは、そうしたことが伝わりません。正確に言えば、伝える努力をしなければ伝えるのが困難です。

ＷＥＢ上で情報を伝える手段は、基本的に「言葉」と「画像」と「動画」がメインです。

しかも、じっくり見てはもらえません。ＩＴ技術の進展やＳＮＳの普及などにより、データ流通量は飛躍的に増大しました。さまざまな情報が溢れるＷＥＢ上で、お客さまは目の前の情報が必要かどうかを一瞬で判断します。「なんか違う」「よくわからない」と少しでも感じてしまえば、すぐにそのページから離れてしまうのです。

また、今は競合もＷＥＢへ進出しています。類似の商品・サービスがたくさんあるなかで、自分を選んでもらうことは簡単ではないはずです。

しかし一方で、**独自の価値を上手に表現し、伝えることとさえできれば、リアルでは考えられないようなWEBの拡散力で一気に広がっていきます。**

そこでつぎからは、独自価値を的確に表現するための認知の入り口となる「キービジュアル」についてお伝えしていきます。

お客さまを連れてきてくれる1枚のキービジュアル

この章でつくり上げるのは、**キービジュアル**。ざっくり言うと1枚の写真の上にキャッチコピーやロゴを乗せたもので、電車の中吊り広告などをイメージしてもらうとわかりやすいと思います。

WEBでは主にSNSやブログ、YouTubeやホームページなどのトップバナーや広告として使い、お客さまとの最初の認知接点となります。

先ほどお伝えしたように、情報が溢れるWEB上では、一瞬で商品・サービスの魅力を伝える必要があります。**ひと目でお客さまに興味を持ってもらうためには、キービジュアルが重要**になるのです。

「キャッチコピーだけでもいいのでは?」と思う人もいるかもしれません。でも、言葉は意外と曖昧です。

私の場合は自分のビジネスについて「自然体」という言葉を使いますが、ひと言で「自然体」と言ってもイメージされるものはさまざまでしょう。雑誌「ku:nel(クウネル)」「天然生活」「リンネル」のような世界観をイメージする人もいれば、モデルの長谷川潤さんやSHIHOさんのハワイ生活をイメージする人もいます。

同じ言葉でも、人によってイメージするものは違うのです。キービジュアルをつくるのは、自分のビジネスの価値のニュアンスをブレなくはっきりと伝えるためでもあります。

「ナチュラル・ブランディング」キービジュアル

キービジュアルは、ビジネスの価値や世界観がひと目ではっきりと伝わる「**WEB上の看板**」と言ってもいいでしょう。街でウィンドウショッピングをしていて、「このお店は素敵だな」と感じてお店のなかに入る。そうした状況を、WEB上にもつくります。

自分のビジネスがどんな機能価値と情緒価値を持っているか。

お客さまのどんなインサイトを満たすものか。

そうした要素を踏まえ、1つのビジュアルに落とし込みます。

目的は、それを見た人が「なんか気になる！」と直感で感じること。それを生み出すことができれば、「もっと知りたい」とお客さまのほうから歩み寄ってきてくれて、最終的には「これは私のためのものだ」と論理的にも納得して商品・サービスの購入へとつながります。

キービジュアルによって、見込み度の高いお客さまを抽出することもできるのです。

1行のキャッチコピーがお客さまを引き込む

伝えたい価値を端的な言葉で定義する

キービジュアルを目にする人たちの大半は、その時点ではまだ商品・サービスに興味を持っていません。

なんとなくSNSを見ていたら、たまたま情報が流れてきた。そのときに目を留まらせるためのもの・スクロールの指を止めさせるためのものがキービジュアルであり、さらに**興味を持たせるためのものが「キャッチコピー」**です。じっくり練って考えましょう。

ただし、いきなりキャッチコピーを考え始めてはいけません。まずは伝えたい価値を端的な言葉で定義することから始めましょう。

キービジュアルは言葉と世界観の総合戦。**「言葉」だからこそ伝えられる価値**と**「写真」**

や「**デザイン」が生み出す世界観があるからこそ伝えられる価値**があります。

何を言葉で伝え、何を世界観として感じてもらうのか。

その切り口やバリエーションは幾通りも考えられます。だからこそ大事なのは、お客さまの心に響きそうな（対外的な）言葉に磨く前に、まずは自分が立ち返れたり、内部の関係者が共通認識を持ったりするための言葉として、商品・サービスの「価値」を改めて言葉で定義し整理することなのです。

キャッチコピーは機能価値と情緒価値の両方を意識する

キャッチコピーは最初から1つに絞らず、さまざまな角度から言葉を考えていきます。その際は、**機能価値と情緒価値の両方を意識する**のがおすすめです。機能価値だけを訴求している商品・サービスのほうが多いので、情緒価値を表現するだけで「ほかと違う」と感じてもらいやすくなります。

ライクチキンの場合、〝チキン好きが鶏肉と間違えるような食べ応えのある食感とおいしさ〟を他にはない圧倒的な価値だと定義しました。商品のネーミングがおいしさを感じられ

「ライクチキン」キービジュアル

るベネフィットとしての表現になるように、「好き」と「～のような」という2つの意味を持ち合わせた英語の「like（ライク）」という音を活かして「ライクチキン」に変更したのです。つまり、「ライクチキン」というネーミングそのものが、機能価値を表しています。

加えて、キャッチコピーの「私が生きるこの世界を食べるものから変えていく。」に、〝地球にやさしくおいしい暮らしを未来の当たり前にしたい〟という情緒価値が表現されているのです。

他にも、ワインフィッターの育成サービスのキービジュアル（142ページ）にあるキャッチコピーでは、「店舗も在庫も持たないワイン屋さんという生き方」が機能価値で、「『あなたに選んでもらった』が価値になる。」が情緒価値となります。

言葉はゼロから考えなくていい

本書の内容を実践するなかで、お客さまに伝えたいことはある程度イメージできていると思います。ここからは、それをキャッチコピーとして練り上げていきましょう。

同じ意味を伝えようとしても、さまざまな表現ができます。どの言葉が適切なのかを、具体的に書きながら考えていきます。

伝えたいメッセージを短い言葉に集約させるのは難しいと感じるかもしれません。プロのコピーライターでも、たった1つのキャッチコピーを生み出すまでに何十、何百もの案を考え抜いているような世界。まずは、**無理に一から考えずいろいろと参考にしてみましょう。**

おすすめは**類語**です。自分で考えた言葉をヒントに、類語辞典から探すとぴったりの言い回しが見つかります。

たとえば「自然体」という言葉の類語を調べてみると、「シンプルな」「飾らない」「素朴な」「等身大の」「背伸びをしない」「普段と変わらない」といった言葉が出てきます。似たような言葉ですが、そのニュアンスはそれぞれ微妙に違いがありますよね。この微妙なニュアンスを捉え、よりフィットする言葉を選ぶだけでも磨かれていきます。

また、**日本語ならではのギミックを活かす**のも効果的です。

たとえば、「縁側スペース neiro」を運営する新田純子（にったじゅんこ）さんという人がいます。彼女は元保育士の経験を活かし、子どもとの関わり方に悩むお母さんたちをはじめとした夫婦関係や仕事の人間関係など悩む方に向けて、自分の本音に気付きコミュニケーションを変えていくためのサービスを提供しています。岐阜県のご自宅をサロンとして活用し、訪れたお客さまと縁側に腰掛けながらお話をするスタイルが好評です。

私が提案したキャッチコピーは、「本音につながる。本音でつながる。」です。「に」と「で」というたった一文字違うだけで、頭の中に思い描くつながる対象が変わるのを感じられるのではないかと思います。日本語の面白くて、奥深いところですね。

キービジュアルでは、オンライン上でも実際に縁側に訪れているかのような感覚を味わってもらうために、実際に使っている縁側で撮影を行いました。縁側は家の外と中とをつなぐ

「縁側スペースneiro」の新田純子さん

「中間」の場所であり、冬でも日差しが入ってぽかぽかと暖かい場所。「自分の外側と内側の気持ちをつなぐ場所」「この縁側は心が温まる、いつでも暖かくて安心できる場所だよ」というブランドイメージをつくりました。

意識して見渡すと、キャッチコピーは街中に溢れています。電車広告や看板、雑誌の表紙などなど。ＷＥＢニュースのタイトルも文字制限があるので考え抜かれていますね。キャッチコピー全集として本になっているものも参考になるでしょう。**日頃から意識して「言葉のストック」を貯めておくと役に立ちます。**

イメージを固めていくための具体的なステップ

軸の3次元化のキーワードでイメージを膨らませる

キャッチコピーの候補が見えてきたら、つぎはイメージを固めていきましょう。

独自価値を可視化するためのイメージのヒントになるのは第3章の「軸の3次元化」で使った言葉（例：ライクチキンでは「お肉っぽさ」「日常」「洗練感」）。これらをもとにGoogleやPinterestで検索し、ピンとくる画像をピックアップしていきます。

画像の選び方は、直感で問題ありません。関連画像として表示されるものがヒントにアイデアが広がることもあります。

「これは自分のイメージする洗練感に近い」「これはちょっとオシャレすぎて流行りのものに見えそう」といったようにイメージに近いと思うものだけでなく、イメージと異なるものも集めて対比しながら分類していきます。

自分だけの「アイコン」を考える

イメージを膨らませることができたら、そのイメージの鍵となる「アイコン」を考えていきます。

アイコンとはその商品・サービスを象徴するもので、直接的なものから比喩的なものまであります。**商品・サービスを購入することによってどんなベネフィットを得られるのか、パッと見て感覚的に伝わるもの**を考えましょう。

たとえば、先に挙げたナチュラル・ブランディングのキービジュアルの場合、まっすぐに長く続く橋を「ブランディングは自分らしさを極める道」のメタファー（隠喩）として、また逆光の夕日を未来の希望のメタファーとして、キービジュアルのアイコンに活かしています。

女性の夢を叶える専門家として活動しており「Brand New Life STYLIST 養成講座」を開催している中山あゆみさんの場合、アイコンは「しなやかに揺らぐ真っ白な洋服」でした。

「Brand New Life STYLIST養成講座」の中山あゆみさん

サービスのネーミングにも込めた「Brand New」という真新しい自分に出会う感覚を、白くしなやかに揺らぐ洋服と背後に広がる大きな海で表現しています。風になびくラフなショートヘアからも枠に縛られない自由さが感じられます。

このようにアイコンは**ペルソナが欲しい未来＝「アフター」から考える**のがおすすめです。

個人や小さな会社の場合、キービジュアルには自分たちの写真を使うのも有効です。

しかしながら、WEB上で「顔出し」をすることに抵抗のある人もいるでしょう。「自分の顔とサービスとは関係ない」「自分をアピールしたいわけじゃない」という意見もよく聞きます。

ですが、お客さまにとって、お金を払う相手の顔が見えないことは不安につながります。とくにスモールビジネスは商品・サービスの知名度が低いため、信用してもらうためにも顔出しは重要。それに顔を見せたほうが、言葉以上にも「自分らしさ」が伝わりますよね。

また、キービジュアルに**ロゴがあると印象に残りやすくなります**。コンセプトを集約させたロゴを入れると、キービジュアル全体の印象が締まってきます。

ロゴはデザインの知識がないと自作するのは難しいので、つくりたい場合は外注を考えてみましょう。最近はクラウドソーシングで比較的安価につくってもらうことも可能です。その際にも、第1～3章で整理してきた「自分らしさ」をデザイナーに伝えることでより狙いにあったロゴに仕上がるでしょう。

ざっくりとレイアウトを考える

こうして集めた材料を、パワーポイントなどに貼り付けて簡単にまとめてみます。

キービジュアルに「画像」を使用する場合

- 撮影するならどんな場所がいいか
- どんなアイテムがあるといいか
- 構図やポーズはどんなものがいいか

といったことを、自分なりのイメージをもとに「ラフ」をつくります。あまり悩まず、いろいろ試しながら楽しく考えましょう。

レイアウトは雑誌が参考になります。 とくにファッション誌にはレイアウトにこだわったものが多いので、「素敵だな」と感じるページを真似してみるとつくりやすいと思います。ペルソナが読みそうな雑誌を参考にするのも効果的です。

どんな文字を入れるかは、仮のキャッチコピーをレイアウトして考えるといいでしょう。キャッチコピーはビジュアルを固めたあとで考えますが、そのフォントもデザインとして大事です。たとえば、サラリーマンに向けたサービスに手書き風の柔らかいフォントを使うとちぐはぐな印象になります。

フォントについても、ペルソナが読みそうな雑誌などを参考にしてみましょう。

パワーポイントでは使えるフォントが少ないとは思いますが、ゴシック体か明朝体か、丸文字か角文字かを変えるだけでも、ずいぶんとイメージが変わるはずです。

フォントによる印象の違い

1枚の写真でメッセージを伝える

撮影場所がアイコンになるケース

撮影する場所については、アイコンとマッチするものを選びましょう。

写真の撮影場所自体がアイコンになることもあります。

パリ在住の横井奈穂子(なおこ)さんは、「NaoCollection」というWEBセレクトショップを運営しています。ヨーロッパのアクセサリーを販売しているので、パリを象徴するエッフェル塔がアイコンになりました。

農家に嫁いだ新海智子(しんかいともこ)さんは、「農業女子」向けの「KURASHI FIT PROJECT」を主宰しています。彼女はレタス農家に嫁いだことで自分のキャリアや人脈がプツリと途切れたよう

「NaoCollection」の横井奈穂子さん

「KURASHI FIT PROJECT」の新海智子さん

に感じ、一時期ふさぎこんでいたそうです。しかし農閑期に自分のやりたい仕事をすることで、いきいきと過ごせるようになりました。

彼女は自分と似たような経験をする女性が多いだろうと考え、農業女子を応援するビジネスを始めました。農業女子が集うオンラインサロンを開いたり、農閑期に自分らしい仕事を楽しむ「二足のわらじ」という方法を教えたりしています。

このケースでは、幻想的な朝焼けのなか、レタス畑をアイコンにして撮影しました。智子さんは農業をしているとき、朝日の昇る時間が一番好きなのだそうです。また、農作業着ではない普通の服を着ることで、自分らしく生きる女性像を演出しています。ロゴに描かれているトラクターとハイヒールは、「二足のわらじ」の表現です。

1枚の写真でさまざまなことを伝えられる

第3章でご紹介したワインフィッターの山田マミさんは、ワインフィッターを育成するビジネスも手掛けています。

つぎに載せるキービジュアルは、そんな育成サービスのWEBページに使われたもの。

ワインフィッター育成の山田マミさん

「ワイン」で検索すると、バーをイメージした画像や、夜景をバックにした画像がたくさん出てきます。

しかし山田さんがワインフィッターを始めたのは、出産後、深夜までレストランで働くことが難しくなったから。そこで「昼間にできるワインの仕事」という特徴を伝えられるよう、昼間の明るい背景で撮影することにしました。

衣装にもこだわりがあります。

フォーマル感は残したいものの、ソムリエのようにスーツをビシッと着るのではなく、自分らしいラフさを出したい。そこで、清潔感のある白いTシャツの上にジャケットを羽織るスタイルにしました。

ワインと言えばフランス、フランスと言えばパリジェンヌ。シンプルで品のあるファッションは、パリジェンヌを連想させるものにもなっています。

この写真だけで、物販でありながら「ミニマムなビジネスができること」も表現していま す。ワインフィッターでは、お客さまにヒアリングをしたあとで銘柄を選びます。都度ワインを仕入れればいいので、在庫を持つ必要がありません。そこで、撮影場所は極力削ぎ落としたシンプルな空間を選び、ワインフィッターそのものの存在感が伝わる演出をしています。それを伝えるアイコンが、ワインと花束。「花束を買うようにワインを楽しんでほしい」という山田さんの想いがストレートに表現されています。

このように、背景や服装、小物次第で、さまざまな印象を与えることができます。「なんとなく」ではなく、一つひとつに意味を持たせることでメッセージ性も強くなります。

楽しみながら自分の想いを詰め込んで、細部まで徹底的にこだわりましょう。

自分が好きな写真と人がいいと思う写真は別

なお**キービジュアル用の写真撮影の際には、あとからロゴやコピーを入れることができるよう、余白をたっぷりつくります**。通常の撮影ではカメラマンは被写体が中心になるようにバランスを考えて撮影を行うと思いますが、余白が右にあるパターン、左にあるパターンなどいくつか撮っておいてもらうと便利です。

また、SNSやWEBサイトで使いやすい横型を基本にします。カメラマンには、こうした用途や要望を撮影前に伝えておきましょう。

いろいろなパターンで写真を撮ってもらうと、どれをキービジュアルに使うか迷うこともあると思います。

このとき、**「自分が好きかどうか」よりもお客さま側の目線で選ぶ**ことが大事です。

私の場合も、つぎに載せた企業初期の頃に使用していたキービジュアルの表情は、自分の「決め顔」ではありません。私は笑うと涙袋が膨れるので、それがあまり好きではないのです。

人から見て魅力的な場合もある

それでもこの写真を選んだのは、デザイナーからこんなふうに言われたから。

「大きな口を開けてしっかり笑っている表情のほうが実際の村本さんらしいし、『自然体』という言葉には絶対に合っています」

そうしてできあがったキービジュアルは、お客さまからも好評でした。「WEBでは自撮りの決め顔ばかり見かけるので、この笑顔の写真を目にしてすごく印象に残りました」と言っていただけました。

もちろん、「こんなの絶対にいや！」と思うような写真を無理に使う必要はありません。キービジュアルは長く使うものなので、気に入らないものだと自分のモチベーションが下がってしまう恐れがあります。

ただ、**自分が苦手な写真でも、人から見ると魅力的であることも多いもの**です。できるだけ、ほかの人の意見も聞きながら選ぶといいでしょう。

「自分らしさ」からズレないようにする

サントリー時代、商品を擬人化して「どんな広告だとこの子らしいか」を考えることもありました。

当時で言うと、キリンの「のどごし生」は擬人化すると「仕事から帰宅したサラリーマン」。広告でも、スカッとした気分でビールを飲めることがアピールされていました。

一方でサントリーの「金麦」は、「食卓を囲んで夫婦の団らんを楽しむ、品のある良き妻」。ですから、男性が「ごくごく、プハーッ」と飲んでいるようなポスターはふさわしくありません。女優の檀(だん)れいさんを起用した当時のCMは、そんなブランドイメージを守るものになっていたわけです。

広告づくりでは、「商品らしさ」が肝心。キービジュアルをつくるときにも、ビジネスにおける「自分らしさ」と大きくズレてはいけません。

写真もキャッチコピーも、第1章で定義した「価値観」「得意なこと」を見直しながら丁寧に選ぶようにしましょう。

初期投資としてプロに頼む

手に届く金額で外注する

キービジュアルの制作費用は、トータルで20〜50万円前後かかるのが一般的です。これは撮影スタジオレンタルに加え、カメラマンやスタイリスト、ヘアメイク、デザイナーなどを外注した場合なので、フリー素材などを使って自力でできるようならもっと安くできるでしょう。

ただ、**キービジュアルは大事な「看板」になるものです**。

初期投資と考えれば、あまりお金を惜しむのは良くありません。方向性が固まったのであればクオリティを追求し、それぞれの専門家に外注することをおすすめします。

とくに写真は、プロのカメラマンに頼んで撮ってもらいましょう。ベテランのカメラマンに頼むと出費は大きくなりますが、デビューしたばかりの人などは比較的安価で引き受けてくれる場合もあります。自分で撮るよりも絶対に良い写真になるので、探してみてください。

そのほかの外注先も、最初は手の届く、無理のない金額から探すといいと思います。ロゴについての説明でも触れましたが、最近はクラウドソーシングなどでもデザイナーを見つけることができます。

キービジュアルは、一度つくったらずっとそれを使わなければいけない、というわけではありません。ビジネスのイメージというのは、最初から固めることは難しいものです。

まずは自作で始めてみて、テストマーケティングなどを行うなかで試行錯誤し、つくり直しても大丈夫です。また、リブランディングが必要なタイミングでは、キャッチコピーやキービジュアルの更新も欠かせません。

期待以上のデザインを引き出す秘訣

外注した際、思い通りのデザインが上がってこなかったり、イメージと違う写真を撮られてしまったりすることがあります。

もちろん、デザイナーやカメラマンの腕の良し悪しもあるでしょう。しかし思ったようなものが上がってこないときは、依頼内容の伝え方に認識のズレを生じさせる要因があったのかもしれないと立ち返ってみましょう。**伝え方次第で、キービジュアルを始めとした制作物のクオリティは大きく変わります。**

私はブランディングに携わって15年以上になりますが、それでもデザインや写真が上がってきてから「伝え方が悪かった」と気付くことがあります。

そこで、どのようなポイントを伝えたらいいのかをここで整理します。

依頼する際には、まずはこれまでに考えてきた「自分らしさの条件」やインサイト、独自ポジションを踏まえたブランドコンセプトをブランドシートにまとめてみましょう。

とくに「価値観」については「こんなことを伝えて意味があるのかな」と思うかもしれませんが、デザイナーやカメラマンにとっては情緒的な部分を表現していく大きなヒントになるものです。

そして、言葉で整理したら、自分の頭の中に漠然と浮かんでいるイメージを画像などで集め、視覚的にアイデアを表現したムードボードとして用意してみましょう。

イメージに近い洋服や小物、場所、シチュエーションや表情などの画像を集めてみて、さらにキーワードとなる言葉のニュアンスを対比で整理していくと、より伝わりやすくなります。

こうして伝えるための情報を論理と感情の両面からブランドシートやムードボードに整理していくことで、デザイナーやカメラマンと共通認識が育まれていくのです。そして何より、自分自身にとっても迷ったときに「原点」に立ち返れるものになるでしょう。

つぎのページにブランドシートとムードボードのサンプルを載せました。サンプルの下部または250ページに記載のサイトにて、読者の皆さんだけにプレゼントいたします。ぜひ参考にしてみてください。

自分は何を表現したいのか、それを見た人にどういうことを感じてほしいのか。それを共有できていれば、意図に合うものをつくってくれるはずです。

ムードボード

実際着ようと思っている服の写真や小物、スタジオの写真などを並べて統一感を見る
（衣食住で考えて、実際いいなと思うホームページやLPの画像も一緒にはる）

Color

Keyword

与えられる印象の
キーワードなどを
ここに記載しておく

クール	ぬくもり
爽やか	スイート
シンプル	華やか
落ち着いた	躍動感のある
スタイリッシュ	カジュアル
エレガント	ナチュラル
かっこいい	かわいい
存在感のある	身近さ
ラグジュアリー	素朴さ
きちんと感	ラフ感

ブランドシートとムードボードを下記サイトにてプレゼントいたします。ぜひお受け取りください。
https://irodori-branding.com/bookpresent/
※詳細は250ページをご確認ください

BRAND CONCEPT

ブランドのコンセプトやキャッチコピーをここに

自分らしさの条件（価値観・強み）やインサイト、独自ポジションを踏まえて
自分がどんな方に向けて何のサービスを展開しているかを書きましょう

写真を通して伝えたいこと

ここに伝えたいメッセージを入れる

与えたい印象

ここに与えたい印象を入れる

こんな雰囲気のショットを目指しているという方向性を伝える写真を並べる

いいなと思うインスタの世界観をスクショで貼ったり、ピンタレストから集めてきたりする。
（発信の時には著作権・個人情報に気をつけて）

自分の想いを再確認する作業

キービジュアルが
ビジネスの原点を思い出させてくれる

キービジュアルをつくることは、ビジネスに対する自分の想いを再確認する作業でもあります。

どんな写真であれば「自分らしさ」を具現化できるか。

何をアイコンにすれば特徴を表現できるか。

どんなキャッチコピーをつくれば価値を伝えることができるか。

それを考えると、おのずと原点に立ち返ることになります。自分はなぜビジネスを始めるのか、なぜそのビジネスなのか、という原点です。

私の経験からも、クライアントたちを見ていても、ビジネスを続けていると**「原点を忘れ**

てしまっていたな」という瞬間があります。どれだけ強い気持ちを持っていても、忙しくなったり売り上げへの焦りが出たりすると、軸はブレてしまいがちです。

そんなとき、キービジュアルが助けてくれます。キービジュアルはお客さまの目を引くためのものですが、自分自身でも何度も目にするもの。どんな想いでそれをつくったのかを見るたびに思い出し、原点に立ち返ることができるのです。ビジネスのアンカー（碇）として、大事にしていきましょう。

論理と感性で心に訴えかける

キービジュアルによって認知をして「なんか気になる」と心が動いたお客さまには、つぎにランディングページ（LP）を見てもらいます。

ランディングページとは、WEB広告やSNS・ネット検索などを経由してお客さまが最初にアクセスするページのこと。ページに着地する（landing）というイメージからこう呼ばれています。

ランディングページの活用方法については第5章で説明しますが、ペルソナが検索したりリサーチしたりしそうなテーマやお悩みを切り口として、より詳しい内容を知りたい方にLINE公式アカウントやメルマガ登録を促す目的のものです。

登録するとどのような有益な情報が得られるのかといった機能価値を書くことも大事ですが、キービジュアルと一貫性のある写真を活用して統一された世界観で情緒価値を伝えることも登録率に大きな影響を与えます。

論理だけではなく、感性で心に訴えかけるからこそ、ブランディング視点でのマーケティングの実践は反応するお客さまの質を変えるのです。

次章では感性に訴えるWEBマーケティングの構築方法についてお伝えしていきます。

第4章のポイント

- これからは、WEBの活用が必須。ただしWEB上では情報が埋もれがちなので、キービジュアルを使ってひと目でビジネスの特徴がわかるようにする。
- キービジュアルでは、お客さまに提供するアフターを描く。
- キャッチコピーは機能価値と情緒価値を伝えるように意識する。とくに、情緒価値を意識することでほかとの違いを表現しやすくなる。
- キービジュアルは大事な看板。デザインなどはプロの力も頼り、クオリティの高いものをつくる。
- キービジュアルがあると、自分のビジネスの原点を忘れずにいられる。

第5章

「感性」に訴えるWEBマーケティング

WEBマーケティングは段階的に行う

それぞれの段階に合ったアプローチが必要

ここまでで、自分の独自ポジションを見いだし、キービジュアルによって商品・サービスの魅力を伝えることができました。しかし、すぐに買ってもらえるわけではありません。「自分らしさ」から価値を生み出し、売り上げにつなげるためには、ブランディング視点でのマーケティングを実行することが不可欠。

第4章までに行ってきた**「自分らしさ」を活かしたブランド構築をもとにマーケティング活動を行っていくからこそ、反応するお客さまの質が変わります**。そして1人の心へ想いが届き「価値」として存在したときに、初めて「ブランド」になるのです。想いが届いた一人ひとりの集合体が、社会や市場へのインパクトへとなっていきます。

マーケティングファネル

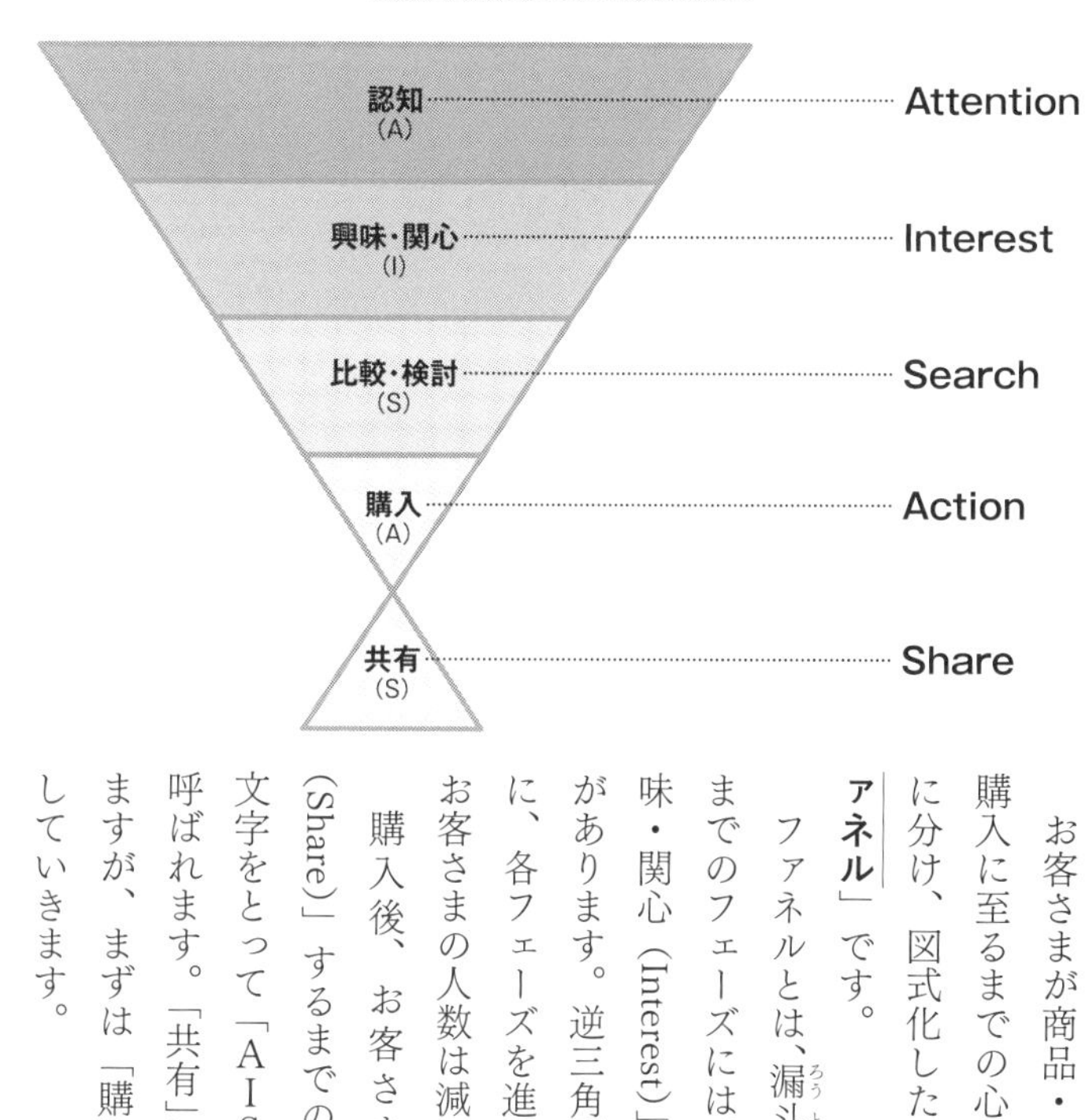

お客さまが商品・サービスを知ってから、購入に至るまでの心の動き。それをフェーズに分け、図式化したのが「**マーケティングファネル**」です。

ファネルとは、漏斗(ろうと)のこと。「購入(Action)」までのフェーズには、「認知(Attention)」「興味・関心(Interest)」「比較・検討(Search)」があります。逆三角形で表現されているように、各フェーズを進むほどふるいにかけられ、お客さまの人数は減っていきます。

購入後、お客さまがほかの人に「共有(Share)」するまでの一連の段階は、英語の頭文字をとって「AISAS(アイサス)」とも呼ばれます。「共有」については後ほど出てきますが、まずは「購入」までの道筋をご説明していきます。

私はよく、ＡＩＳＡＳの過程を恋愛にたとえて説明します。マーケティングの裏には、必ず人の心理があるものだからです。実際に、マーケティングファネルをたどる際のお客さまの心理変化を「カスタマージャーニー」と呼びます。

恋愛において、最初に知り合う段階は「**認知**」。その後、カジュアルに関わる機会など接点が増えることで、だんだん相手に「**興味・関心**」が湧きます。一対一で食事やデートに出かけてみるという段階になってくると興味・関心もかなり高まっていますよね。この段階になると「本当にこの人で大丈夫かな」と付き合ってみた後に後悔することがないように、真剣交際の「**比較・検討**」段階になってくるでしょう。そして最終的に「この人だ！」と感じてお付き合いが始まる。これが「**購入**」にあたります。

恋愛では、出会ってすぐの人に突然「好きです！」と告白してもびっくりされますよね。ビジネスも同じです。**商品・サービスを購入してもらうには、お客さまのそのときの気持ちや関係性の深さに応じ、適切なアプローチをしなくてはいけません。**

このマーケティングファネルやカスタマージャーニーの考え方は、ＷＥＢマーケティングに限らず有効です。

心の動きを丁寧に捉えていくことで、感性に訴えるマーケティングを行うことができます。

カスタマージャーニー

はじめまして
よろしくー
認知
今度ライブやるんだ！よかったらどう？
音楽好きらしいぞ
いきたい！
バンドやってるんだー
興味・関心
スイーツ食べに行こう！
一緒にいるとたのしそう！
うん！
この人で大丈夫かな？
比較・検討
付き合ってください！
こちらこそ！
成約（購入）

フロー型とストック型でメディアを使い分ける

ＷＥＢマーケティングにおいて、「認知」を広げたり「興味・関心」を育んだりするのにおすすめなのがＳＮＳです。

ＳＮＳは拡散力が強いため、より多くの人に接点を持つことが必要なマーケティングファネルの「入り口」で使うメディアとして相性が良いからです。ただし、ＳＮＳのトレンドの移り変わりは早いので、時代とともに相性の良いツールは変化することも頭に入れておいてください。

「興味・関心」のメディアとしてはYouTubeやブログも有効です。

メディアをいくつか使い分けるときは、「フロー型／ストック型」という分け方で考えることもできます。情報の流れていくスピード感の違いと考えるといいでしょう。

フロー型は新しい投稿が随時更新される「ライブ感」が何よりの魅力。リアルタイムに更新されていく情報を通してのテンポの良いコミュニケーションは、発信が好きな人にとっては楽しく刺激的だと感じるでしょう。

フロー型から1つ、ストック型から1つを選ぶ

フロー型		ストック型
◯ライブ感が楽しい	＋	◯過去の投稿を見てもらえる
◯拡散力が比較的高い		◯情報を分類して保管できる
△過去の投稿は読まれにくい		△拡散力が低め
《例》SNS（X、Facebook、Instagramなど）		《例》YouTube、ブログ、Instagram

一方で古い投稿は埋もれやすくなります。「1年前にこんな投稿をしていました」と自分から再度シェアしない限り、過去の投稿をさかのぼって見てもらえることはあまりありません。また、そのスピード感に疲弊してしまう場合も考えられます。

フロー型のなかでもとくにスピード感が速いのはX（旧Twitter）です。

YouTubeやブログはストック型です。

ストック型は、記事やコンテンツを「アーカイブ」として整理することに適したプラットフォームです。そのため、フロー型と異なり、過去の投稿も比較的見てもらいやすいという特徴があります。メディアによっては情報をテーマ別などで分類し、時系列で保管できるので、お客さまもより深く情報を調べることができます。

その一方で、フロー型に比べると拡散力は低くなります。

このように、フロー型とストック型はお互いのメリット・デメリットを補完し合うものです。両方を活用するといいでしょう。

ただし、あれもこれもと始めてしまえば、発信ばかりに時間をとられてしまいます。**まずはストック型から1つ、フロー型から1つを選んで取り組んでみてください。**

ちなみにInstagramは、フロー型とストック型の両方を兼ね備えたSNSです。そのため、どれか1つだけを選ぶのなら、今はInstagramがおすすめではないでしょうか。

メディアは、**自分にとって使いやすいかどうか**で選んで構いません。

発信は「継続性」が命。なぜなら、続かないことには価値を届けられないからです。

フロー型では、端的に言い表すのが得意な人ならX、写真や動画で世界観を表現するのが得意な人ならInstagram、実名で発信したい人はFacebookといった具合です。

ストック型では、話すのが得意な人はYouTube、文章を書くのが得意な人はブログがおすすめです。

発信に慣れてきたら、**ペルソナがよく使うものはどれか**、という視点を加えていくといいでしょう。

これはどんなペルソナを設定したかによりますが、ペルソナの興味・関心が料理やインテリア、運動といった生活に近いカテゴリーのものならInstagram、中堅サラリーマンならFacebookというように、ペルソナのイメージに合うものを始めてみてください。

では、マーケティングファネルを意識したうえで、それぞれのメディアで何を発信していけばいいのか。つぎから具体的にご説明していきます。

「認知」を広げ、「興味・関心」につなげる

お客さまと距離を縮め、「認知」を広げる

「認知」を広げるために有効なのがＳＮＳとお話ししました。拡散力を活かしてお客さまになりそうな人とつながり、まずは自分がどんな人かを伝えましょう。

投稿内容も大事ですが、「認知」をする観点においては、実は「なんか気になる」という感覚的なものの影響が大きいです。ですから「左脳」で論理的に理解させるというよりも、**視覚情報から「右脳」に感覚的に働きかける意識を持っておくこと**が重要です。

最初のうちは、キービジュアルを撮影する際に撮ってもらった別パターンの写真を投稿に有効活用すると良いでしょう。投稿の世界観が統一されていくため、記憶に残りやすくなります。

投稿内容は、どんな商品・サービスを扱っているかといった具体的なことに直接は触れずに、**ペルソナが検索したり、リサーチしたりしていそうな関心のあるテーマを切り口として自分の専門領域の話とつなげていく**といいです。

とは言え、ビジネスに関する投稿ばかりだと自分も投稿することに疲れてしまいます。プライベートな投稿を時々するのもいいでしょう。

「ここに遊びに行った」「こんな本を読んだ」など、**何気ない日常の投稿に表れる人柄には、情緒価値につながる要素が含まれています。**すると、近い価値観を持った人から「なんかこの人好きだな」「ついついこの人の投稿は見ちゃうな」「応援したくなるな」と思ってもらえるはずです。

プライベートの投稿については、「良いところを見せなきゃ」と思わないのがコツです。

少し背伸びした内容を投稿してしまいがちなのですが、**SNSは、普通に発信していても本物より素敵に見える場所**です。完璧な人物像を描いてしまうと、親しみにくく感じられてしまう可能性があります。

むしろ、プライベートのちょっとした失敗、普段抱いているコンプレックスなど、あまり人には見せたくないような面も思い切って見せてみましょう。「私と同じように悩んでいるんだな」と共感してもらえれば、心の距離がぐっと近くなるはずです。

そして**SNSの最大の特徴は、なんと言ってもライブ感。**

「今日こんなの食べたよ！」「今こんなところにいるよ！」といった「リアルタイム」感のある発信は、同じ時間を共有しているような感覚を与えてくれます。

この感覚があると、オンラインでも自然と心の距離が近づいていきます。しばらく会っていない友だちでも、ＳＮＳで近況を知っていると親しく付き合っているような気分になりますよね。

「興味・関心」にはお役立ち情報と気づきを与える

「認知」の段階では、お客さまはあなたのビジネスのことを詳しくは知りません。だからと言って、急に一生懸命に商品・サービスの特徴を説明すると逆効果になります。お客さまは、まだそれが自分に必要だと気付いていないからです。

この段階ですべきは、専門家としてのお役立ち情報と気づきを与えること。

「興味・関心」を育むために、ペルソナの抱える問題について解決につながりそうな内容を〝お役立ち情報〟として発信します。そして、〝気づき〟を与えるためには、ペルソナのなかにある思い込みや固定観念を壊す必要があります。これまで抱いていた思想と180度異なる概念を示すのです。「**コンテンツマーケティング**」と呼ばれるものですね。

たとえばダイエットについて、「痩せるにはカロリー制限が必要」「運動でカロリーを消費しなければ」という思い込みがあるとします。それに対して、「食事はカロリー計算よりも量と順番が大事」「運動では痩せられない理由」といった、あなた独自の視点やペルソナがこれまで信じていた常識とは異なるノウハウを発信していきます。

継続的に役立つような内容なので、情報を蓄積しやすいInstagram、YouTube、ブログを使いましょう。

加えて、投稿では「何をするべきか（WHAT）」だけでなく「**なぜするべきなのか（WHY）**」も伝えることが大切です。

単なるノウハウではなく、背景までを語ることで表層ではなく「本質的な情報」になります。ここにもあなた独自の視点を入れることで、投稿のコンテンツにオリジナリティが出ます。これが機能価値や情緒価値につながるのです。

すると、お客さまは「ここでしか得られない独自の情報なんだ」と感じ、「興味・関心」が高まります。

お役立ち情報は出し惜しみせずに伝えてしまってOKです。

「お客さまがその情報で悩みを解決してしまったら、購入してもらえないのでは?」と思うかもしれません。

でも、大丈夫です。テストマーケティングのところでもお話しした通り、**人はお金を出さない限り本気にはなりません**。

たとえば英語の勉強法は、インターネットで検索すればたくさん出てきます。しかし、それだけを見て本気で実践できる人はごくわずかでしょう。英語スクールにお金を払っているからこそ、頑張って勉強し、身につくわけです。

また、インターネットで検索して収集できる情報は「点」であることを覚えておいてください。点の情報を集めて、体系立てて理解するのは至難の業(わざ)です。

もちろん発信した情報から1人で実践できる人もいますが、それはそれでOKです。実際に役立てば、口コミを広げてくれるかもしれません。また、ファンになってくれていれば別の商品・サービスを扱うときの見込み客にもなります。

「購入」までのマーケティングファネルの道筋がしっかりと構築できている場合、お役立ち情報の提供でお客さまが減ることはほぼありません。

むしろ、無料でこんなに丁寧に親切に教えてくれるのなら有料の商品・サービスはもっと質の高いものに違いないと期待や信頼が高まります。そうであれば、情報をどんどん提供して「興味・関心」を高めていけば、結果的に売り上げに結びつくはずです。

以上が、「認知」「興味・関心」までの発信内容です。

メディアの特性から、SNS全般では「認知」向けの発信を、Instagram、YouTube、ブログでは「興味・関心」向けの発信をおすすめしました。ただし、実際にはブログで近況を伝えてもいいでしょうし、SNSでノウハウ提供をしても構いません。

大事なのは、**マーケティングファネルのどのフェーズにいるお客さまのための発信か、お客さまの心理状況を意識しながら行う**ことです。

「興味・関心」を高め、「比較・検討」「購入」へと導く

SNS、YouTube・ブログではセールスしない

ＷＥＢマーケティングの話をすると、つぎのように言われることがあります。

「ＳＮＳはもう使っているんですが、売り上げが伸びません」

これまでお伝えしたことを意識してＳＮＳを活用していても、思うように売り上げにつながっていない場合、マーケティングファネルの「認知」や「興味・関心」以降の動線の構築がうまくいっていない可能性があります。

「認知」からいきなり「購入」をしてくれる場合もありますが、多くはそうでないため、「比較・検討」へと導いてあげるための発信も必要です。

ただ、ＳＮＳでそのまま「比較・検討」「購入」を促すような発信をすることは、あまり有効ではありません。

ＳＮＳとYouTube、ブログは、もともとビジネスのためのものではありません。あくまで、ＷＥＢ上のコミュニケーションツールです。ですから、これらのメディアで一生懸命に商品・サービスのＰＲやセールスをすると、投稿を見た人に「売り込みだ」と感じられ、不必要な反感を買ってしまいかねません。

「認知」「興味・関心」のフェーズでは、具体的な商品・サービスの説明は一旦脇に置いて、専門家としてペルソナの抱える問題について解決につながりそうな内容を発信することが大事でしたよね。**WEB上にもTPOがある**わけです。

ではどうすればいいのか。

「比較・検討」から「購入」へ結びつけるための情報発信には、ＬＩＮＥ公式アカウントとメルマガ、ランディングページを活用します。

LINE公式アカウントは、ＬＩＮＥ上で企業・店舗が情報配信できるサービスです。２０１９年４月以前は、「ＬＩＮＥ＠」という名称でした。以下、本書では「ＬＩＮＥ」と表記していきます。

メルマガは、メールマガジンの略ですね。メールで定期的に情報配信できるツールのことです。

これらはより「興味・関心」を高め、「比較・検討」「購入」へと導くために使います。

LINEやメルマガは「クローズドメディア」と言います。

クローズドメディアとは、登録者だけしか見ることのできないメディアのこと。LINEとメルマガはSNSやYouTube、ブログと違い、意思を持って登録してくれた人だけが読むものです。**登録してくれている時点で、すでに「興味・関心」の段階にいる人たち**だと言えます。

一方で、SNSやYouTube、ブログといった誰でも見ることができるメディアを「オープンメディア」と言います。

「認知」「興味・関心」につながる発信はオープンメディアで、「比較・検討」「購入」につながる発信はクローズドメディアでというように、2つのメディアを使い分けるのが重要です。

オープンメディアからクローズドメディアへと導くものが、ランディングページです。

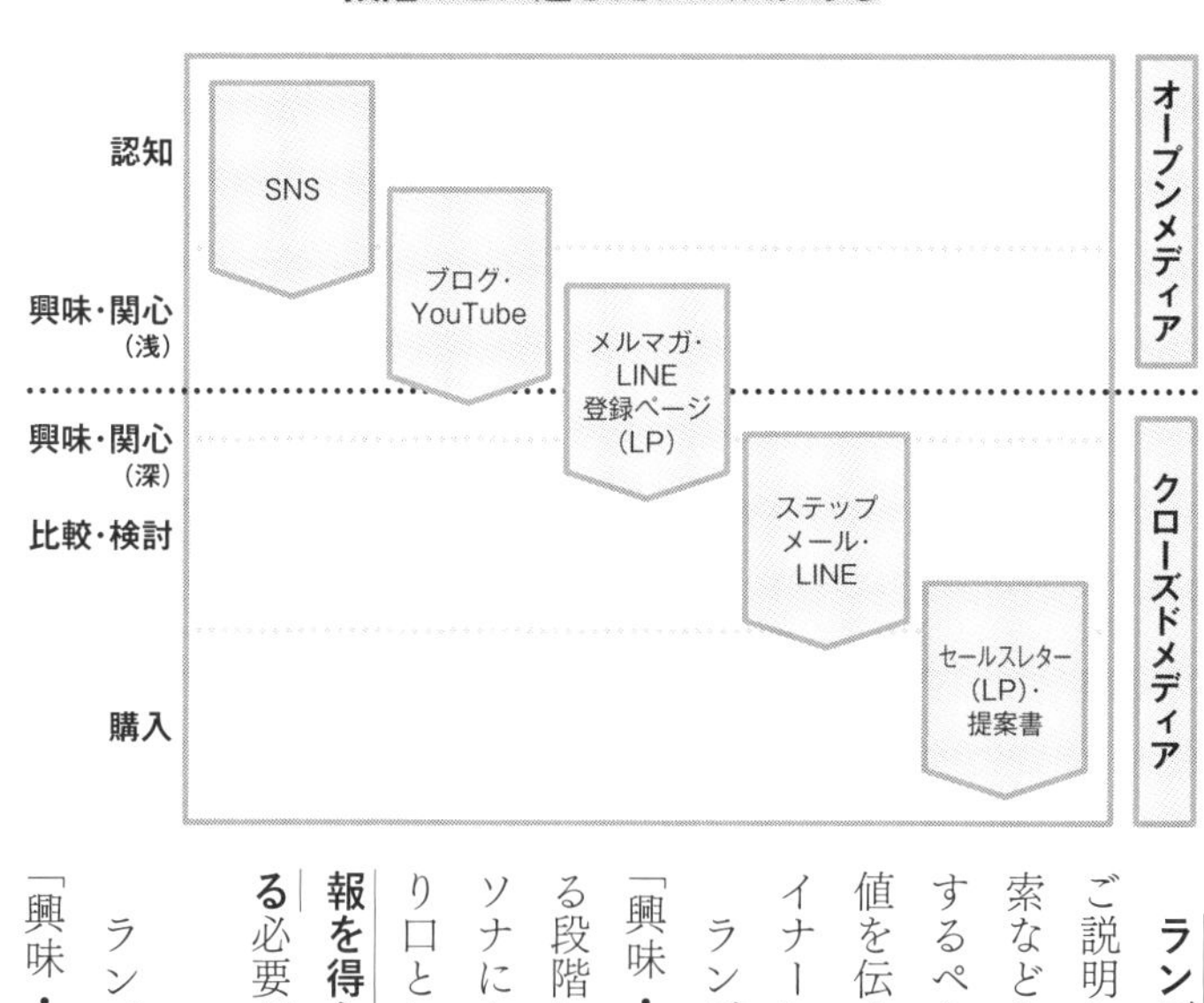

ランディングページは、第4章の最後でもご説明した、WEB広告やSNS・ネット検索などを経由してお客さまが最初にアクセスするページのこと。商品やサービスの独自価値を伝えるために、自作するか、WEBデザイナーに外注しましょう。

ランディングページにアクセスするのは、「興味・関心」から「比較・検討」に移行する段階にいる人が多いです。そのため、ペルソナにとって関心の高いテーマやお悩みを切り口として、**登録すればより有益な詳しい情報を得られることがわかるようなページにする**必要があります。

ランディングページのURLは「認知」「興味・関心」を育むSNSのプロフィール

や投稿、YouTubeの概要欄、ブログの投稿にリンクを置いておきましょう。投稿で紹介する場合は、バナーを作成しておくとより目に留まりやすくなります。

さて、ここまででWEBマーケティングに使えるメディアが出揃いました。それぞれがどのフェーズの発信に向いているかも把握し、取り組んでいきましょう。

「認知」から「興味・関心」までに必要な発信は、すでにSNS、YouTube、ブログの項目でお伝えした通りです。

つぎからは、より「興味・関心」を高め、「比較・検討」「購入」へと導くために必要なLINE・メルマガの使い方について見ていきます。

LINEとメルマガで「比較・検討」へと導く

LINEとメルマガには、それぞれメリットとデメリットがあります。

LINEは日常に溶け込んだツールとして、**お客さまに届きやすく気軽に見てもらいやすい**という点と、**画像やイラストを挿入したビジュアルコミュニケーションが得意**という点で有利です。

ただしあまり長文は送れないため、多くのことを語るのには向いていません。

メルマガは**長文で丁寧に価値を語りかける**のに向いています。

ところが、最近はSNSの普及により、メール自体をまったく読まない人も増えています。メッセージの開封率という点ではLINEよりも低い傾向がありますが、読む際のハードルが高い分、メルマガの読者のほうが**愛着が深くファンになりやすい**という利点もあります。

SNSでフロー型とストック型が補完関係にあったのと似ていますね。**2つとも活用するのが一番効率的です。**

ただし、どちらをメインのメディアとして使うかの優先順位は決めておきましょう。

私の場合、以前はランディングページを経て登録してもらうクローズドメディアを「メルマガ」にしていました。近年は「LINE」に変更し、SNSではLINEに登録後のキャンペーン告知をしています。メルマガは、キャンペーン終了後に引き続き「興味・関心」を深めて「比較・検討」に向かうための〝情報発信メディア〟として活用しています。

LINE登録者をメルマガにも登録してもらうために、追加の特典を設けています。2つそれぞれに異なる登録特典を付けると、両方登録してもらえる可能性が高くなります。

ＬＩＮＥやメルマガに登録してくれた人たちは、「もっと知りたい」と意思を持って動いてくれた人たちです。「こんなこと興味あるかな」といった心配はいりません。発信内容も、より「価値観」の伝わる情報や貴重なノウハウにすることで、信頼関係が構築されていきます。

書くときは、**「お客さま一人ひとりに向けて書くお手紙」**をイメージしましょう。

「ここでしか聞けない話が聞ける」「一番早くてお得な情報」といった特別感が、より「興味・関心」を高め、「比較・検討」へとつながります。

適切な発信頻度はビジネスの種類によって異なりますが、**週2回程度**が目安です。

曜日や日時を決めておくと自分も発信しやすく、お客さまもその時間を楽しみに待ってくれるようになるはずです。

キャンペーンで「購入」の意欲を高める

通常のＬＩＮＥやメルマガは日時指定で配信するものが一般的ですが、ＬＩＮＥやメルマガの登録直後に一定期間、決まった内容のメールが自動的に届くようにするのもおすすめです。この仕組みを「**ステップメール**」と言います。

ステップメールを活用すると、登録したタイミングに関わらず、こちらの伝えたい情報を決まった順序で漏れなく伝えることができます。

私の場合、登録者特典の動画などをプレゼントするようにしています。

ステップメールでは、「**個別相談**」「**1DAYセミナー**」「**お試し利用**」「**特別価格**」**といったものを期間限定キャンペーン**として案内しましょう。「登録から1週間後まで」といったように期限を設けることで、「今動く（登録する）理由」をつくることができます。

キャンペーンの案内は、このあとご説明する「購入」へ導くための発信内容と同じようにつくっていきます。

「個別相談」や「1DAYセミナー」に来てくださった方には、その時間のなかで本商品・サービスの案内をして「購入」へとつなげていきます。

お試し利用の場合は、その期間が終わった時点で本商品・サービスの案内をするといった流れです。

通常のメールとステップメールの違い

ただし、**ここで反応のないお客さまについては、あまり深追いしてはいけません。**

個別相談に来てくれたり、お試し利用をしてくれたりしたものの、「購入」には至らなかった。こうしたお客さまは、決断までに時間のかかる人です。無理に選択を迫っても、かえって見込みが低くなるでしょう。

また特別価格を提案しても動かなかった人たちの大半は、この時点ではまだ「興味・関心」が高くありません。

この場合も無理に売り込まず、引き続きLINEやメルマガでお役立ち情報の提供を続けていきましょう。時間をかけて「比較・検討」「購入」へと移行させていくイメージです。

私のクライアントにも、「2年以上メルマ

ガを読んで、ようやく気持ちが固まりました」という人がいます。

「購入」に至らなかったお客さまに対しても、情報発信を続け、信頼関係を育んでいきます。

ただ**「いつでも同じ値段・条件で買える」と思われると、「いつでもいいや」と思われてしまいます**。3カ月に1回など、キャンペーンは期間をあけて実施し、メリハリのあるプロモーションを行うといいでしょう。

「購入」を決める確信の条件

「売り手のプレゼン」と「買い手の声」

ここからは、「比較・検討」から「購入」へと導くための発信内容についてお伝えします。購入前に見るセールスレターや提案書といったものに載せる内容を、LINEやメルマガで発信すればキャンペーンへの関心を高めることができます。

では、どんな情報を知ったときに確信を持つのでしょうか？

お客さまは、「自分の選択は間違いない」という確信が持てたときにお金を払います。

その〝確信の条件〟は、「売り手のプレゼン」と「買い手の声」の2つに分けることができます。

「売り手のプレゼン」とは、商品・サービスと、自分自身についての説明です。魅力を伝えることで、お客さまの共感や「買いたい」という気持ちを育てます。

しかし、これだけでは確信には至りません。「売り手のプレゼン」は、どれだけ工夫しても売りたい人が言うことです。当然、悪いことは伝えませんよね。

「私は大げさなことを言ったりしない。正直に伝えている」と思っていても、お客さまのなかには「そりゃ、売る側は良いことばかり言うよね」と捉える人がいます。「第三者の意見を知ったうえで、購入するかどうかを判断したい」と考えるわけです。

そこで必要となるのが**「買い手の声」**です。

これは、お客さまにとって「自分と同じように過去に購入するかどうか検討し、最終的に購入を決めた人」の意見や感想です。具体的には口コミサイトの「レビュー」や、セールスレターや提案書の「お客さまの声」などです。

「確信の条件」が伝える価値

繰り返しお伝えしているように、お客さまがお金を払うのは価値を感じたときです。ですから**「売り手のプレゼン」と「買い手の声」は価値を確信させるための条件であり、そのな**

かで伝えるべき価値は機能価値と情緒価値に分解できます。

まずは「売り手のプレゼン」について。

伝えるべき内容としては、つぎの5つがあります。

①商品・サービスの「詳細」
②商品・サービスの「実績」
③売り手の過去の「キャリア」
④商品・サービスの「開発秘話」
⑤売り手がビジネスに寄せる「ビジョン」

最初に商品・サービスの詳細を具体的に説明しましょう(①)。

②③は、数字や事実によって示せるものです。「こんなに売れているんだから、良い商品なんだろうな」「こんな経験を重ねてきた人のサービスなら大丈夫だろう」といったように、商品・サービスの性能・品質を保証する機能価値になります。

そして④⑤で商品・サービスの裏側にある想いを知ると、お客さまは共感し、情緒価値を感じてくれます。

また、商品・サービスを購入したお客さまの感想である「買い手の声」のなかにも、機能価値と情緒価値があります。

たとえば洗剤について、「汚れがよく落ちました」という感想は機能価値を保証します。「きれいになって、気分が良くなりました」という感想なら、共感を呼ぶ情緒価値を伝えることができるでしょう。

具体的に「売り手のプレゼン」と「買い手の声」をどうつくって伝えるかは、つぎからご説明していきます。

「売り手のプレゼン」で魅力を伝える

売り手のプレゼン① 商品・サービスの「詳細」

お客さまがこれまで進んできたマーケティングファネルでは、「認知」「興味・関心」「比較・検討」の段階まで、具体的な商品・サービスの説明は一旦脇に置いて、専門家としてペルソナの抱える問題について解決につながりそうな内容を発信してきましたよね。

「購入」を検討する段階でようやく、商品・サービスを主語に詳細を伝えます。

具体的な伝える内容は、第1～3章でこれまでに考え、整理してきたこと。これらを丁寧に説明していきます。

- どんな人に向けたものなのか（インサイト）

- この商品・サービスを使うことで、なぜ悩みが解決して、理想の未来が叶うのか（機能価値／情緒価値）
- 他の商品・サービスとの違い（独自ポジション）

商材がサービスであれば、具体的なサポート期間やサポート体制などの情報も必要ですね。

売り手のプレゼン②　商品・サービスの「実績」

「比較・検討」「購入」のフェーズで必要になるものの1つが「**実績**」です。

「実績を掲げるのは自慢しているみたいでいやだ」と、抵抗感を持つ人もいるかもしれません。でも、実績があるとお客さまも買いやすくなります。

とくに、「延べ○○○人が購入しました」「発売から累計で○万台売れました」といった定量情報は、説得力のある実績になります。**数字で根拠を示すことで、お客さまの「失敗したくない」という不安を解消できる**でしょう。

実績は、自分のビジネスがそれだけ多くの人の役に立ったという証です。自信を持って、どんどんＰＲしてください。

ただ、ビジネスを始めてすぐのころは、発信できる実績がありませんよね。その場合、まずは目先の利益よりも実績づくりに全力を注ぎましょう。

たとえば、サービスを10万円で売りたいものの、なかなか買ってくれる人が現れない場合。そんなときに「1万円だったら買うよ」という人がいたら、1万円でいいので販売しましょう。

ビジネスにおいて、ゼロと1の間には1と100の間以上に高いハードルがあります。

10万円と1万円の例は極端かもしれませんが、まずは「実績ゼロ」から「実績1」にすることが最優先です。

ある程度実績がついてくると、その見せ方も工夫することができます。

トータルで10人に販売した実績をつくれたけど、競合と比べるとまだ少ない。そんなときは、人数ではなく**割合**で表します。

たとえば、「購入者10人中の7人が『大変満足』と回答」ではなく、「購入者の70パーセントが『大変満足』と回答」と示す。そうしてビジネスを続けていって、絶対値が増えてきたら「100人が満足」とPRします。
事実をどのように表記すれば説得力が増すか、いろいろと考えてみましょう。

売り手のプレゼン③　過去の「キャリア」

「売り手のプレゼン」の3つ目は、**自分の過去の「キャリア」**です。これまでどんな経験をして、どんな人生を歩んできたのかを伝えます。

ここでも、数字にできるものは数字で表現するほうが効果的です。私の場合、「サントリーで100以上の商品を担当しました」といったことをお伝えします。

「自分にはアピールできるようなキャリアなんてない」と思うかもしれませんが、表現次第で説得力を持たせることができます。3人のなかで1位になった場合でも、「営業成績がチーム内で1位」と言えば印象は変わるでしょう。「○○人のお客さまを担当」など、累計を示すのも有効です。

数字で示せるような成績がなかったとしても、問題ありません。
「一部上場の○○会社で10年の実務」「○○資格を保有」といったことも、十分実績になります。使えるものはすべて使う、そんな意識で考えてみましょう。

ビジネスの経験が少なく、実績やキャリアを挙げられない人もいるかもしれません。その場合は、「得意なこと」から考えます。

第1章のワークで挙げたものを、家族や知人に見てもらいましょう。どれが魅力的か、どれが一番心に響くかという観点で、1位から10位まで順位をつけてもらうと意外な結果になることがあります。

自分が良いと思うものと、人に刺さるものは違います。自分では大したことないと思っていても、人から見ると十分すごい場合もあるのです。

魅力のない人はいません。

「自分に誇れるものはない」なんて思い込む前に、誰かに聞いてみましょう。

売り手のプレゼン④　商品・サービスの「開発秘話」

4つ目は、「**開発秘話**」です。商品・サービスにまつわる開発の苦労、そこに込めた自分の想いといったことを、ストーリーに仕立てていきます。

ドラマティックなストーリーは必要ありません。**開発の途中で起きた失敗談や苦労などには人間味が詰まっていて、自然とお客さまの共感を呼びます。**「そんなに大変だったんだ。苦労してできた商品なんだね」と、思い入れを持ってもらうことができるでしょう。

ビジネスの種類によっては、**自分の経験がサービスの開発秘話になる**場合もあります。

たとえば、私のクライアントにダイエットコーチの人がいます。

彼女はあるとき顎関節症でものを食べられなくなり、しばらく絶食状態が続きました。「つらいけど、これで痩せるからいいだろう」と思っていたのですが、実際には体重は3キロしか減らなかったそうです。しかも痛みが治り食べられるようになったら、すぐに体重が戻ってしまったと言います。

彼女はこの経験から、「こんなに絶食したのに痩せないのなら、『食べない』という行為はそもそもダイエットにはつながらないんだな」と痛感します。そうして栄養学に興味を持ち始め、「食べるダイエット」というコンセプトのサービスを生み出しました。

こうしたエピソードを聞くことで、**そのサービスは「どこにでもあるもの」ではなくなります。**具体的な出来事と、それに対しどう感じ、どう行動したか。一連のストーリーを伝えると、お客さまの共感を誘いやすくなります。

売り手のプレゼン⑤ ビジネスに寄せる「ビジョン」

「売り手のプレゼン」の5つ目は、ビジョンです。「なぜ自分がこの仕事をしていて、それを通してどんな未来をつくり出したいと考えているか」という、想いを込めたメッセージですね。

過去と現在、未来がつながると、一貫した想いが伝わります。すると、お客さまはより共感しやすくなります。下手に取りつくろったり大きなことを言おうとしたりせず、等身大の自分の気持ちを伝えることが大切です。

最近は、「**ビジョンに共感できる会社（人）から買いたい**」と自分で方針を決めているお客さまもいます。軽視せず、しっかりと伝えていきましょう。

以上が「売り手のプレゼン」です。これらを発信していくわけですが、**5つを集約すると、そのまま「プロフィール」として使えます**。ブログのトップページやSNSのプロフィールページなど、つねに見てもらえる場所に置いておくといいでしょう。

「買い手の声」でビフォー・アフターを保証する

購入者の感想は宝の山

「買い手の声」には、まず**「レビュー」**があります。口コミサイトなどに投稿される、商品・サービスを使った感想ですね。

しかし、購入してくれたお客さま全員がレビューを書いてくれるわけではありません。また自由記述のレビューでは、機能価値と情緒価値を伝えきれないことがあります。

そのため、利用者に向けて自分で設問を用意してアンケートをとり、**「お客さまの声」**として紹介できるようにするといいでしょう。アンケートには、「書いてくれたら○○をプレゼント」といった簡単なお礼をつけると協力してもらいやすいはずです。

テストマーケティングでのモニターアンケートと同様、**必ず聞くべきはビフォー・アフ**

ターです。「以前はどんなことに悩んでいましたか」「購入後、どんなふうに変わりましたか」といったことを聞きます。

「具体的な数字があれば併せて教えてください」と聞くと、機能価値を保証してくれるような意見になりやすいでしょう。また、「気持ちの面でどんな変化がありましたか」という設問への答えは、情緒価値につながります。

加えて「**購入しなかった場合、どうなっていたと思いますか**」という質問も入れます。ダイエットのサービスであれば、「ずっと自分に自信のないまま歳をとっていた。恋愛にも仕事にも積極的になれていなかった」といった答えが返ってきます。これは、お客さまが買うという選択をしなかった場合のアフターです。

「購入するかどうか迷って、結局買わなかった」というのは、一見現状維持で損はしていないように思えます。しかし、**買わなかった未来と買った未来には大きな差が生まれている**はずです。買わないという選択をしていた場合、どんな「マイナス」があっただろうか。その未来をお客さまに想像してもらいます。

こうした設問によってアンケートに答えてくれるお客さまの満足度もわかりますし、効果的な「買い手の声」にもなります。

例:ナチュラル・ブランディング終了時アンケート

私たちは真摯にひたむきに「らしさ」と向き合い、磨き抜いた純度の高い想いを表現し、自分の生き様が表れるようなビジネスを生み出す人たちのサポートをしていきます。しかし世の中には、ナチュラル・ブランディングのことをまだ知らない人がたくさんいらっしゃいます。

その方達によく知っていただくために、アンケートにご協力いただけないでしょうか。あなたのご意見をお聞かせいただき、今後の活動に反映したいと考えております。良かったこと・嬉しかったこと、どのような些細なことでも結構です。ぜひご協力お願いいたします。(できるだけ具体的に書いていただけると、大変嬉しいです。)

なお、アンケートで取得したお客様の個人情報は厳重に管理します。

■受講前、どのようなことで悩んでいましたか?

■何が決め手となって受講しましたか?

■実際に受講してみていかがでしたか?

■どのような成果がありましたか?
できるだけ具体的に教えていただけると嬉しいです。

(お客様の人数・売り上げ・ビジネスの変化・マインドの変化などあれば)

■受講していなかったら、今頃どうなっていましたか?

■もっとこういうサポートが欲しかった、など改善点があれば
遠慮なくお願いします。

■どんな人にナチュラル・ブランディングを勧めますか?

■村本彩ってどんな人ですか^^?

■上記にご記入いただいた感想についてお願いがございます。
ブログやメルマガ等にそのまま掲載してもよろしいでしょうか。
□フルネームを出しても良い
□下の名前のみなら出しても良い
□イニシャルなら出しても良い
□掲載不可

■ご感想の掲載時に、掲載したい紹介文やURLなどがあればご記入ください。

「共有」が増えるほど「購入」も増える

アンケートをとるときには、必ず「これをSNSなどで発信してもいいですか？」と確認するようにしましょう。ほかの人は見ないと思ったから赤裸々に答えたという人のレビューを無許可で掲載したら、自分の声が勝手に使われていると感じ、信頼を失ってしまいます。

可能なら写真も掲載させてもらえると、より説得力が増します。パーソナルトレーニングジムのライザップも、ビフォー・アフターを数字とビジュアルのセットで見せていますよね。

私の場合は、クライアントさんに感想をインタビューしたものを動画で収録し、ホームページやブログなどに載せています。アンケートよりも心理的なハードルは上がりますが、サービスに満足してくれた人であれば快く受けてくれます。**「自分が得た価値をほかの人にも伝えたい」と思っていただける**からだと思います。

購入後、商品・サービスの感想を誰かに伝えようとしてくれる。これは、マーケティングファネルの「**共有**」にあたります。

「共有」が「購入」に影響を及ぼす

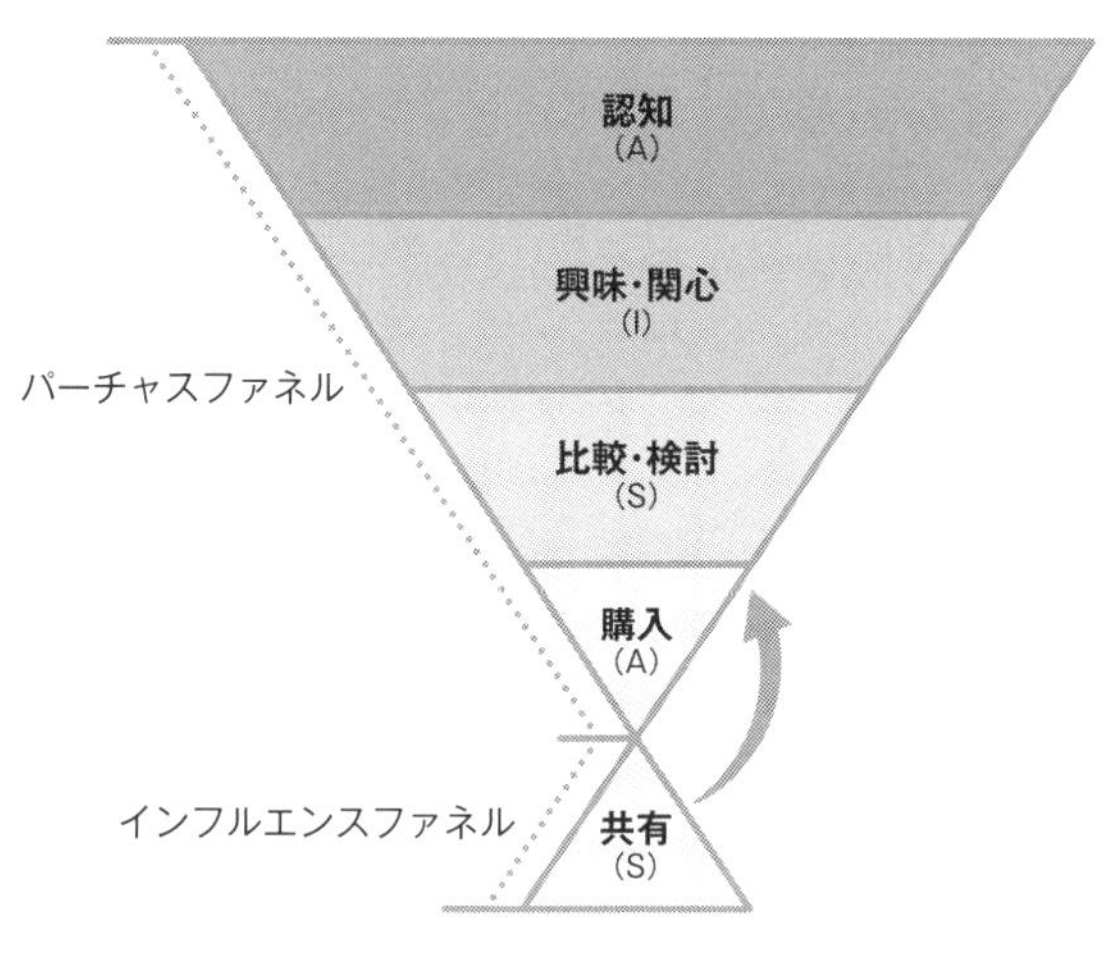

ここで、再度マーケティングファネルの図をご覧ください。

「購入」までは人数が絞られていく逆三角形（＝パーチャスファネル）であったのに対し、「共有」の部分（＝インフルエンスファネル）は三角形になっていますよね。これは、「共有」してくれる人の数が増えるほど、パーチャスファネルに影響していくということを示しています。

客観的な「買い手の声」は、お客さまにとって商品・サービスを信用する根拠になります。そして**「買い手の声」が増えるほど、そのなかに示される機能価値・情緒価値のバリエーションも増えていきます**。すると、それが「購入」を決める確信の条件になる人も増えるというわけです。

Customer's Review
!!

WEBマーケティングの心構え

ホームページはなくてもいい

さて、ここまでWEBマーケティングについてご説明しましたが、「ホームページ（HP）はいらないの？」と思った人もいるかもしれません。

まったく必要ないとは言いませんが、とくに初期の場合、**ホームページはつくらなくても問題ありません。**

今はSNSで情報を集める人が増えていて、見込み客がいきなりホームページに来ること自体が少なくなっています。以前は「ホームページがない会社は信用できない」という風潮もありましたが、最近はむしろSNSのほうが親しみやすく、お客さまによく知ってもらうことができます。

それに、せっかくホームページをつくっても、そこにたどり着く「道」がなければ離島のようなもの。ホームページを用意するにしても、SNSやブログの活用は不可欠と言っていいでしょう。

実際に私も、ホームページをつくったのは起業してから1年半後でした。あえてホームページを用意したのは主に法人のお客さまを意識してのことですが、売り上げの視点で言うと、なくてもビジネスは成立していると思います。

まずは、マーケティングファネルに沿った発信を行うことに注力していきましょう。

インターネットを怖がりすぎない

「投稿内容が炎上してしまうのでは」「中傷の書き込みが来るのでは」など、発信することに不安を抱く人もいます。これは、「インターネット=怖いもの」という意識があるからでしょう。

しかし、**意図して攻撃的な発言をしない限り、炎上したり、悪口を書かれたりすることはほとんどありません。**

私のクライアントさんたちも、「思っていたより世界は温かかったです」とよく言っています。

一方でどれだけ発信内容に気を付けていても、全員に好かれるということはあり得ません。これを理解しておくことは、とても重要です。

たとえば、ＳＮＳで子どもの話題を出したとします。何気ない投稿だったとしても、不妊治療中で気持ちが落ち込んでいて「そんな話、今は聞きたくない」と思う人がいるかもしれません。

リアルの生活でも、どうしても反りが合わない人、なぜか自分のことを嫌ってくる人はいますよね。ＷＥＢ上の発信はさまざまな立場の人に届くので、なおさらです。しかし、相手の気持ちをコントロールすることはできません。

すべての人に嫌われないように意識しすぎると、「自分らしさ」を潰すことになってしまいます。「自分のことをよく思わない人もいるものだ」と受け入れつつ、**届けたい人に向かって自分の純度の高い想いを誠心誠意伝えるのが一番**だと思います。

第5章のポイント

●WEBマーケティングは、AISASに沿って行う。「購入」に至るまでには「認知」「興味・関心」「比較・検討」のフェーズがあるので、各フェーズに適したアプローチをしよう。

●発信内容には、それぞれ適したツールがある。WEB上でもTPOを意識しよう。

●お客さまは、「売り手のプレゼン」と「買い手の声」を基準に「購入」の判断をする。どちらにおいても、機能価値と情緒価値を伝える。

●発信を見た全員に好印象を持ってもらえることはない。発信を届けたい人に対し、自分の想いを誠心誠意伝えるのが一番。

第6章

売り上げで苦しまないために

どっしり揺るがないビジネスにする

お客さまが何度も来てくれるビジネスモデル

ビジネスを営む多くの人にとって、一番の不安は「売り上げがこの先も続くのか」ということです。

今は売り上げが良いけど、その要因はわからない。売り上げが伸び悩んでいるけど、どうすればいいかわからない。

そんな状態では、いつまでたっても綱渡りです。**「売り上げの波を自分でコントロールする」**という意識を持って、ビジネスモデルを見直してみましょう。

ビジネスが安定しているかどうかを測る指標には、LTV（ライフタイムバリュー：顧客生産価値）があります。これは1人のお客さまがどのくらいの期間、商品・サービスを利用してくれているかを測るもので、利用回数が多く、継続利用期間が長く、購入金額が大きい

マスマーケティングと個人・小さな会社の違い

マスマーケティング

複数のお客さまが購入
↓
人数の多さが大事

個人・小さな会社

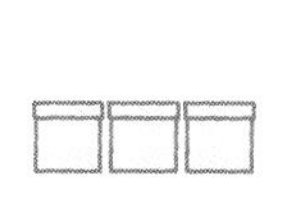

1回目　2回目　3回目

1人のお客さまが何度も購入
↓
リピーターの多さが大事

ほどLTVも高くなります。ヘビーに利用してくれるお客さまがいると、安定収入に直結するのです。

　とくに、個人や小さな会社が最も苦労するのは「数」を集めること。ここが規模で勝負しているマスマーケティングとの一番の違いです。

規模（広さ）の勝負ではなく、「質（深さ）」で勝負するという意識が個人や小さな会社はとくに重要になります。

　ですから、まずは「**リピーター**」を増やしましょう。

　購入をリピートしてもらうには、**はじめから継続性のある商品・サービスをつくる**のが大切です。何事も「1回使う（習う）だけで大変身」ということはまずない、というお話をしましたよね。第2章でつくったような、お客さまのビフォー・アフターに合わせて設計されたものが1つの例になります。

ほかには、購入者に別の商品・サービスを薦めるのもいいでしょう。化粧水を買った人には一緒に使える乳液や洗顔料を薦め、追加購入を促すといったことです。

お客さまがすでに購入しているかどうかによって、アプローチの方法は変わります。LINE・メルマガの内容を「購入者向け／未購入者向け」などで分けると、それぞれに対して適切な商品・サービスの情報を配信できます。

私のブランディングサービスにも、1回きりで終わるものはラインナップしていません。半年、1年といったプランで購入してもらい、その後も必要性を感じ学び続けたい人には月額制でフォローしていく形にしています。

月額制にすることで、継続的にお客さまと関わることができます。

商品の場合は、商品を気に入ったお客さまがリピートしやすくなる定期購買もおすすめです。「定期購入で送料無料」「2点セットが定期購入で○パーセント引き」といったお得なプランをつくるといいでしょう。

これまでの章でも例に挙げた「ライクチキン」では、定期購入のプランを設けています。どんなに気に入った商品でもうっかり買い忘れてしまうことはありますよね。ですから、自然と定期購入できる仕組みを導入することが、お客さまにとっては利便性が高く、ビジネス的にも安定へとつながります。

このように、購入してくれたお客さまとは購入後も関わっていくのが理想です。開業初期の段階でも、リピーターをつくるにはどうすればいいか考えておきましょう。

目的を持ってヒアリングする

一方で、少数のリピーターに頼りすぎるのも危険です。お客さまの人数を増やすため、新しい見込み客もつくっていきましょう。

見込み客を上手につくるには、購入してくれたお客さまの意見を聞くのが有効です。どんなことが購入やリピートの決め手になったのかを聞くことで、つぎのお客さまに対するアプローチを改善できるはずです。

第5章で行った購入後アンケートを読み込むのもいいですが、お客さまに直接聞けるタイミングがあれば積極的にヒアリングしていきましょう。

ヒアリングで大切なのは、**目的を持って聞く**ことです。

「ざっくばらんにお客さまに意見を聞いてみたけれど、どう活かしていいのかわからない」という場合は、聞き方が悪い可能性があります。

「どうしてこの商品・サービスを選んでくれたのですか?」と漠然と聞いても、お客さまからは「なんとなくいいなと思いました」「なんか好きだなと思って」といった、ふわっとした言葉しか返ってこない場合も多いのです。**自分が感じていることを的確に捉え、その理由をはっきりと言葉にできる人は、なかなかいない**ものです。

言葉にするのが苦手な人には「購入前の気持ちは、A/B/Cだったらどれが近いですか?」というように選択式の質問を投げると有効です。そのうえで、それが「なぜ」かという理由を具体的に掘り下げていきます。

どうしてお客さまが来てくれているのか。

どこをPRしたらほかのお客さまも興味を持ってくれるのか。

まずは自分で仮説を立て、問いを持ってお客様に質問していくことが大切です。

データ収集・分析を忘れずに

新規の見込み客を増やすには、第5章でお伝えしたWEBマーケティングも重要です。お客さまへのヒアリングでわかったことを参考に、SNSなどの発信内容を改善していきましょう。

ただこのとき、**「発信が結果につながっているかどうか」**をチェックしておく必要があります。

結果を示してくれる数字としては、LINE・メルマガの登録者数や、そこからの購入者数があります。これらを毎月確認し、「平均数」を把握しましょう。平均数を基準に数字の変化を見ながら、「今月は何が良かったのか／悪かったのか」を分析します。

「毎月平均100人がLINE登録してくれる。そのうちの10パーセントが購入する」といった基準があれば、「今月は50人しか登録してくれなかったんだ。SNS発信の量が少なかったな」「100人来てくれたけど、購入率が5パーセントになっているな。LINEでの発信の内容が悪かったのかな」などと課題が見えてきます。

データ分析によって、売り上げ目標を達成するためには何を改善すればいいかを考え、対処できるようになるのです。

データに対する意識が低いと、ビジネスは不安定になります。

「感性」に訴えるWEBマーケティングは〝情緒面〟を大事に実行します。その実行に対するレビュー（振り返り）を行う際には、主観は一旦脇におき、客観的に事実を捉えて分析する視点が必要になります。その際にとくに有効なのが数字データなのです。

スモールビジネスで悩みを抱えている人の話を聞くと、「なんとなく」でマーケティングを行っていることが非常によくあります。

感覚的に行動してしまうと、行動と結果の相関を数字で把握できなくなります。そんな状態ではどこに課題があるのかわからず、適切な対処法を見いだすことも難しくなってしまうでしょう。すると当然思うように結果が出ず、精神的にも疲弊してしまいます。

こうした悪循環に陥ってしまわないように、データの確認・分析は必ず行いましょう。

ある程度成長したら広告で集客する

ＳＮＳやブログには費用をかけずに集客できるというメリットがありますが、更新し続けるには労力がいります。

趣味で気ままに使うのとは違い、ビジネスである以上、集客につながるような内容を考えなくてはいけません。「毎日投稿しなければ見込み客が減ってしまう」というプレッシャーから、更新が苦痛になってくることもあるでしょう。

そんなときは、**ＷＥＢ広告を出す**のがおすすめです。

ＷＥＢ広告とは、検索エンジンやＳＮＳなどに表示できる広告のこと。クリックすると、ランディングページに飛ぶようになっているのが一般的です。

何気なくネットサーフィンをしている人に対しても表示できるので、高い集客効果を見込めます。**自分のＳＮＳやブログの投稿だけでは届かない人とも出会えるので、一気に認知を広げることが可能になるのです。**

ＷＥＢ広告では、実際に広告をクリックしたユーザーの数や、つぎのアクション（クローズドメディアへの登録や申し込み、購入など）へと移行した人の割合（コンバージョン率）などが細かくわかるものもあります。

どれくらいの人に広告が響いたのか。広告からランディングページに飛んでくれた人のうち、何割がつぎのアクションへ進んでくれたのか。こうしたデータも、確認し分析していきましょう。

ＷＥＢ広告を出した場合でも、余裕があるときはＳＮＳやブログの更新をしたほうが効果的です。ＷＥＢ広告を見て興味を持ってくれた人はほかの情報も探そうとするので、ＳＮＳやブログで発信した内容が後押しになります。

ほかのメディアと合わせてＷＥＢ広告を活用すると、相乗効果も生まれるのです。ある程度ビジネスが成長して資金的に余裕ができたら、導入を検討してみましょう。

広告の反応率を変えるインサイトと情緒価値

ＷＥＢ広告は一気に認知を広げる手段として有効ですが、費用もかかるため思うような反応が取れないと広告費が事業を圧迫してしまいます。

反応の取れるWEB広告をつくるためには、第2章で解説した「**インサイト**」と、第4章で解説した「**情緒価値**」**を反映したキービジュアル**が重要です。

「認知」の段階でキービジュアルを目にする人たちの大半は、その時点ではまだ商品・サービスに興味を持っていません。なんとなくSNSを見ていたら、たまたま広告が流れてきた。そのときに目を留まらせるため、スクロールの指を止めさせるためのものがキービジュアルであるということをお伝えしましたね。

ビフォーの段階にいるペルソナが抱えているインサイトを広告文で訴求する。
ペルソナが欲している未来をキャッチコピーで端的に言葉にする。
そして情緒価値を反映した1枚の写真でメッセージを伝える。

これらを備えた〝強いキービジュアル〟がつくれると、SNSだけでなく広告でも高い反応を得られます。

新しい展開を考えるタイミング

マンパワーに限界が来たら単価を見直す

それまでのやり方で限界が見えたときには、つぎの展開を考えていきます。

スモールビジネスは少人数でビジネスをするため、どうしてもマンパワーに依存しがちです。すると、**いつか必ず「これ以上お客さまが増えても対応できないし、売り上げも頭打ち」という段階が訪れます。**

これまでは「どうやったらお客さまを集められるか？」という需要を生み出すことがビジネスの一番の課題だったところから、「どうやったら提供量を増やせるか？」という供給量を増やすことがテーマへとビジネスが成長したということです。悩みや課題のテーマが変わったということを、まずは喜びましょう！

売り上げの頭打ちが見えたときは、まず単価を見直しましょう。

たとえば、「100万円」という売り上げ目標があったとします。5万円で20人のお客さまに対応するのと10万円で10人のお客さまに対応するのとでは、当然、後者のほうが労力は少なくなりますよね。

値上げにより多少お客さまは減るかもしれませんが、単価が上がることで利益率は高くなります。バランスを見つつ、少しずつ値上げしていきましょう。

「こんなに値段を上げていいのかな」と躊躇するかもしれません。

しかし、**ビジネス初期を経て手が回らないほどに忙しいということは、すでに十分需要はある**ということです。

価格を上げたとしても、お客さまがそれだけの価値を感じていればちゃんと買ってくれるでしょう。

いったん値上げをしてみて思うような反応と違った場合は、また元に戻せば大丈夫です。そうした振れ幅を見込んで、WEBページに定価を示さないというやり方もあります。需要とのバランスを見つつ、フラットな目線で検討していきましょう。

価格帯によってサービスの濃淡を変える

値上げによって売り上げを伸ばせたら、つぎは**マネタイズポイントを増やす**ことを考えます。

ただし、商品・サービスをむやみに増やすと失敗する可能性があります。

まずは**横に広げず、縦に展開する**イメージで考えていきましょう。これまでとサービスの独自価値は変えず、価格帯によって提供内容の濃淡を変えるといったことです。

5万円のサービスを提供しているなら、サービスを手厚くした50万円のコースをつくる。そこにお客さまが1人来てくれれば、5万円のコースの10人に対応していたころと同じ売り上げになります。商品の場合は、クオリティを上げてみます。

値段を下げる方向でも考えることはできます。低価格のプランには個別のサポートはなく、動画の学習コンテンツなどでサービス提供をするといった具合です。これであれば、供給量の限界がきても、サービスの拡大を行うことができます。

「まずは自分1人でできることから始めてみたい」という人もいますよね。

そういうニーズにお応えできる商品サービスを設定してあげましょう。元の商品・サービスがしっかりしていれば、価格帯に合った需要は必ず存在します。

「教えるビジネス」へのシフト

一緒に働く人を増やす

お客さまが増えて自分のビジネスに確信を持てるようになったら、**「教えるビジネス」**にシフトすることも考えられます。商品・サービスを自分の労働で提供していくだけでなく、人を育成し、提供できる人を増やすのです。手づくりのジュエリーを販売している人がほかの人にジュエリーのつくり方を教える、といった感じです。

自分と同じように商品・サービスを提供できる人が増えれば、チームを組むことができます。

どんなに働いても、1人でできることには限界がありますよね。**人が増えるぶんだけビジネスの可能性は広がっていきますし、お客さまに対してできることも増えていきます。**

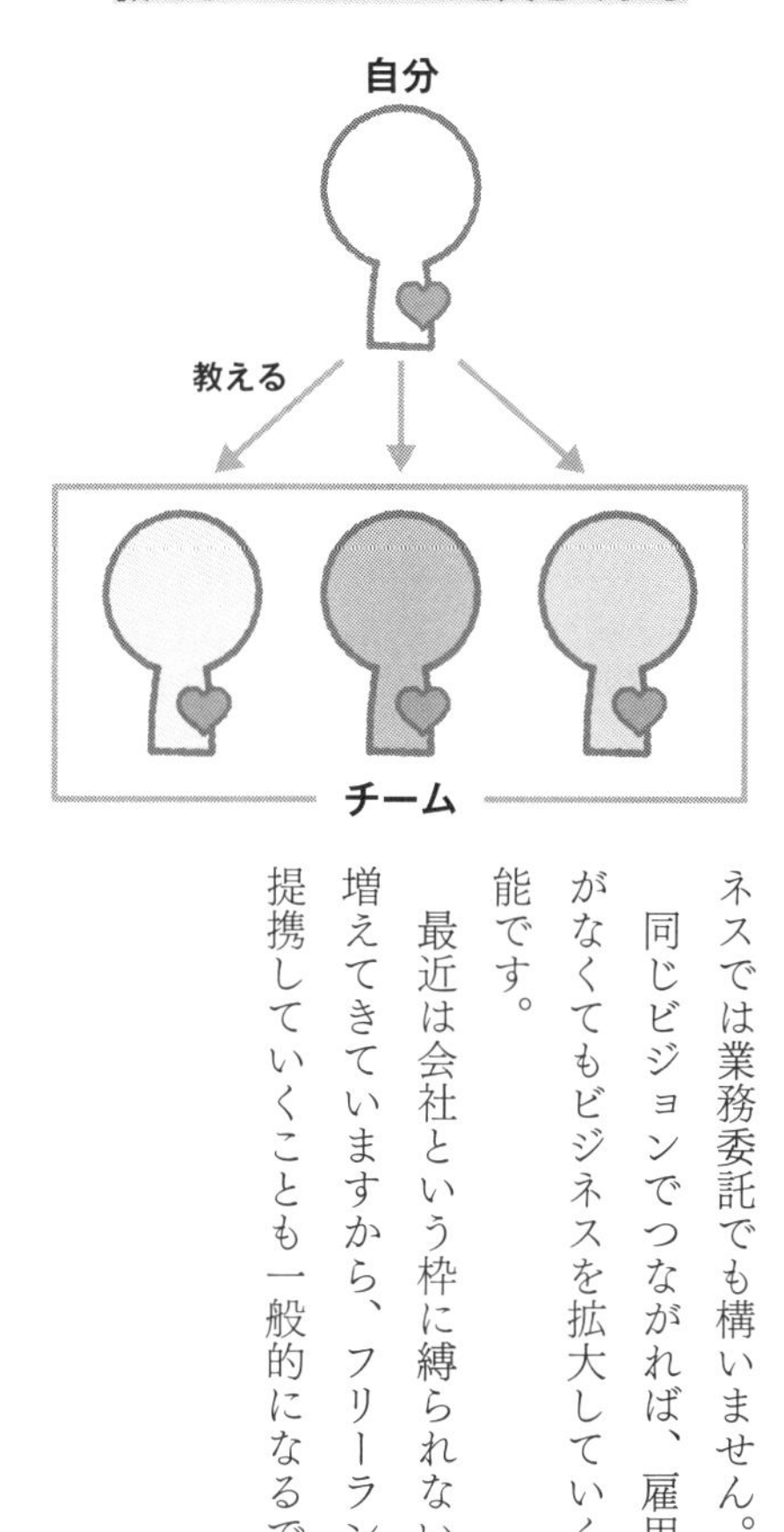

従来、一緒に働く人を増やすのは、「雇用」に直結するものでした。もちろん雇用関係を結ぶやり方も一つですが、スモールビジネスでは業務委託でも構いません。
同じビジョンでつながれば、雇用という枠がなくてもビジネスを拡大していくことは可能です。
最近は会社という枠に縛られない働き方が増えてきていますから、フリーランス同士で提携していくことも一般的になるでしょう。

教え方を教える

独自のノウハウを人に教え、チームを組む。さらに自分が教えた人がまた別の人に教えることができるようになれば、より大きなチームができていきます。

ただし、そのためには「**教え方を教える**」必要があります。これは、ただの「教える」とはまた違った難しさがあります。

まずは、「教える」ことについて考えていきましょう。

知識習得には5段階あります。

はじめに「理解する」。料理教室であれば、レシピを見たり先生に教わったりして得た知識を理解します。

つぎに、「実践してみる」。習ったことをとりあえずやってみるという段階です。わかったつもりでも、いざやってみるとうまくできない……そんな壁にぶつかります。

そうして何度も実践しているうちに、「なんとなくできる」ようになります。この時点ではなぜできるのかを自分で理解できていないので、毎回同じようにはできません。

知識習得の５段階

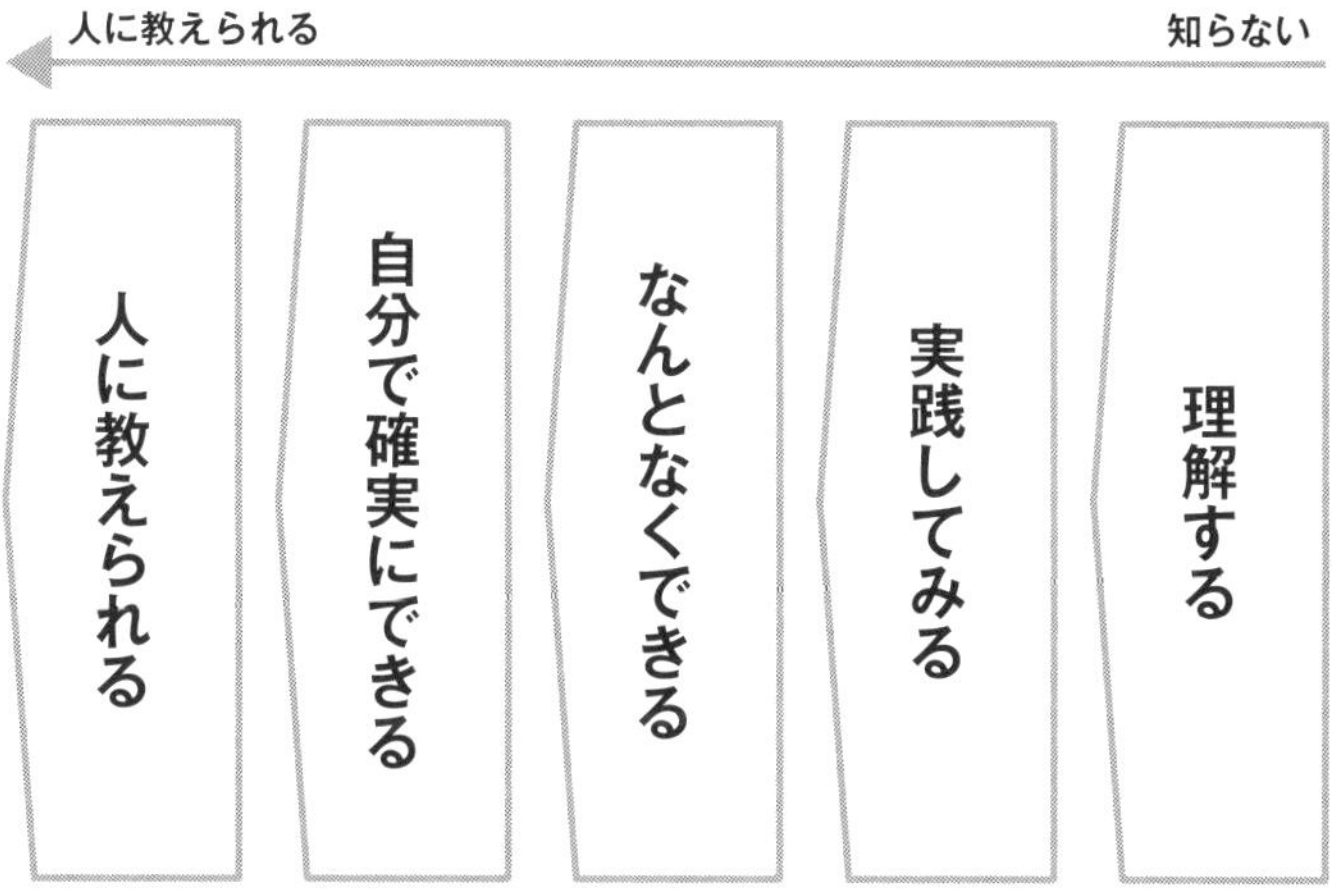

やり方のコツをつかみ、再現性を持たせることができた段階が「自分で確実にできる」です。そして最後に、自分ができたことを言語化・体系化して論理的に説明できるようになると、「人に教えられる」という段階へ進みます。

これを教える側の視点で考えると、「理解する」は「**自分の知識を情報として教える**」ということです。その情報をもとに生徒側は「実践してみる」のですが、当然思うようにできないこともあります。できない理由は人それぞれですので、**ケースバイケースでフォロー**していきます。そうして「なんとなくできる」ようにし、経験を重ねるなかで「自分で確実にできる」ようにします。

しかし、「自分で確実にできる」ようになっても、それを「人に教えられる」かというと難しいでしょう。

そこで今度は、**「教え方を教える」**必要が出てきます。ベテランのマネージャーが新人マネージャーを育成する、そんなイメージです。

ノウハウの背景も教える

ただスキルを身につけるだけなら、やり方さえわかれば十分です。パンを焼くには、材料と手順がわかればいいですよね。「なぜパンの発酵時間が3時間なのか」を知る必要はないはずです。

しかし**人に教えられるようになるには、すべてのプロセスを細かく理解していなくてはいけません**。教える側の理解が表面的で「なんとなく」の部分が残っていると、正しく教えられない可能性があります。

ですから「教え方を教える」ときには、「なぜこれをやるのか」という目的や背景も細かく伝えていきます。

やり方を教えているときには、自分自身もまだ感覚的に理解していた部分もあったと思います。それらを言語化・体系化しなければいけないので自分にとっても大変な作業になりますが、改めて商品・サービスを見直す機会にもなるはずです。

また、**このように人を育成するときは、商品・サービスに必要な機能と情緒の両方を教えることが大切です**。

「フラワーアレンジメントを教えることができる」というスキルを教えるのは、機能面での育成です。すると、教えた相手は機能価値を提供できる人になります。しかし「どうして私がフラワーアレンジメントを世の中に広げたいと思っているか」という情緒面を共有できていなければ、その人が提供する商品・サービスに想いは乗りません。

育成が完了するタイミングはさまざまです。「自分が生み出した商品・サービスについて、この人なら伝えられる」と確信できればOKです。

ただし、**妥協のない確信**を持ってください。正しく指導ができない人を「先生」にすればブランドが傷つきますし、お客さまにも質の悪い商品・サービスを提供することになります。もし何かあった場合は自分が責任をとる、そんな覚悟で育成を進めましょう。

注意すべきなのは、**自分のコピーをつくるわけではない**ということです。

機能価値の部分は同じように提供できていなければいけませんが、情緒価値にはある程度の余白が必要です。

ブランドの軸となる情緒価値にブレがあってはいけませんが、それにプラスしてその人自身の個性が反映されることも、チームならではの良い化学反応です。

教えられたことに、それぞれが自分なりの色をかけ合わせていく。

守ることと変えていいこと、その両面があってこそ、彩り豊かなビジネスが展開されていくのです。

チームを結束させる「ビジョン」と「クレド」

人と人とが一緒に働くときに大切になるのは、心のつながりです。

情緒価値を共有するためには、事業の目指す理想を言語化した「ビジョン」や、そのための行動指針である「クレド」を決めていきましょう。

ビジョンに決まった形はありません。

私の場合は、「なぜ私がこの仕事をやっているのか」という**自分の根源にある「価値観」を踏まえたメッセージ**と、「私はこの仕事を通して、どんな未来をつくり出したいか」という**「夢を語る」メッセージ**だと考えています。

チームのビジョンを決める際には、「**メンバーを巻き込んで考える**」という過程が大事です。トップダウンで押しつけられたビジョンでは、自分ごとになりません。

会社を擬人化して「価値観」を明確にしたうえで、皆にとって納得のいくビジョンをつくりましょう。

私のチームの場合は、「生まれたものには必ず意味がある」をスローガンに、ブランディングがマーケティングの世界に留まらず、「自分らしさ」を見いだし、価値へと磨いていくための生きる力を育む必須スキルとして考え、人材育成・教育現場にも浸透させていく、ということをビジョンに掲げています。

ビジョンは「想い」を示すものであり、チームのメンバー全員が目指す「一等星」のようなものであるため、抽象的になります。

そこで、**具体的な行動指針となる「クレド」を定める**のです。

クレドは日々の仕事で判断に迷ったときの道しるべになるので、メンバーがより主体的に行動できるようになります。こちらについても、チームメンバーを巻き込みながら固めていきましょう。

私たちの場合は、「思想を言語化し、表現することを習慣にしていこう。それが『らしさ』を生み出し価値となるから。」という言葉をクレドと決めました。

繰り返しお伝えしてきたように、ビジネスの原点となる「自分らしさの条件」は、どんなときも見失ってはいけません。

これはチームになっても同じです。チームとしてのビジョンやクレドは、見失わないように、そしていつでも立ち返れるように、明文化しておきましょう。ホームページといった社外の人も見れる場所に記載しておくのも有効です。

ビジョンは文章だけでも十分ですが、ビジュアルもセットにすると効果的です。

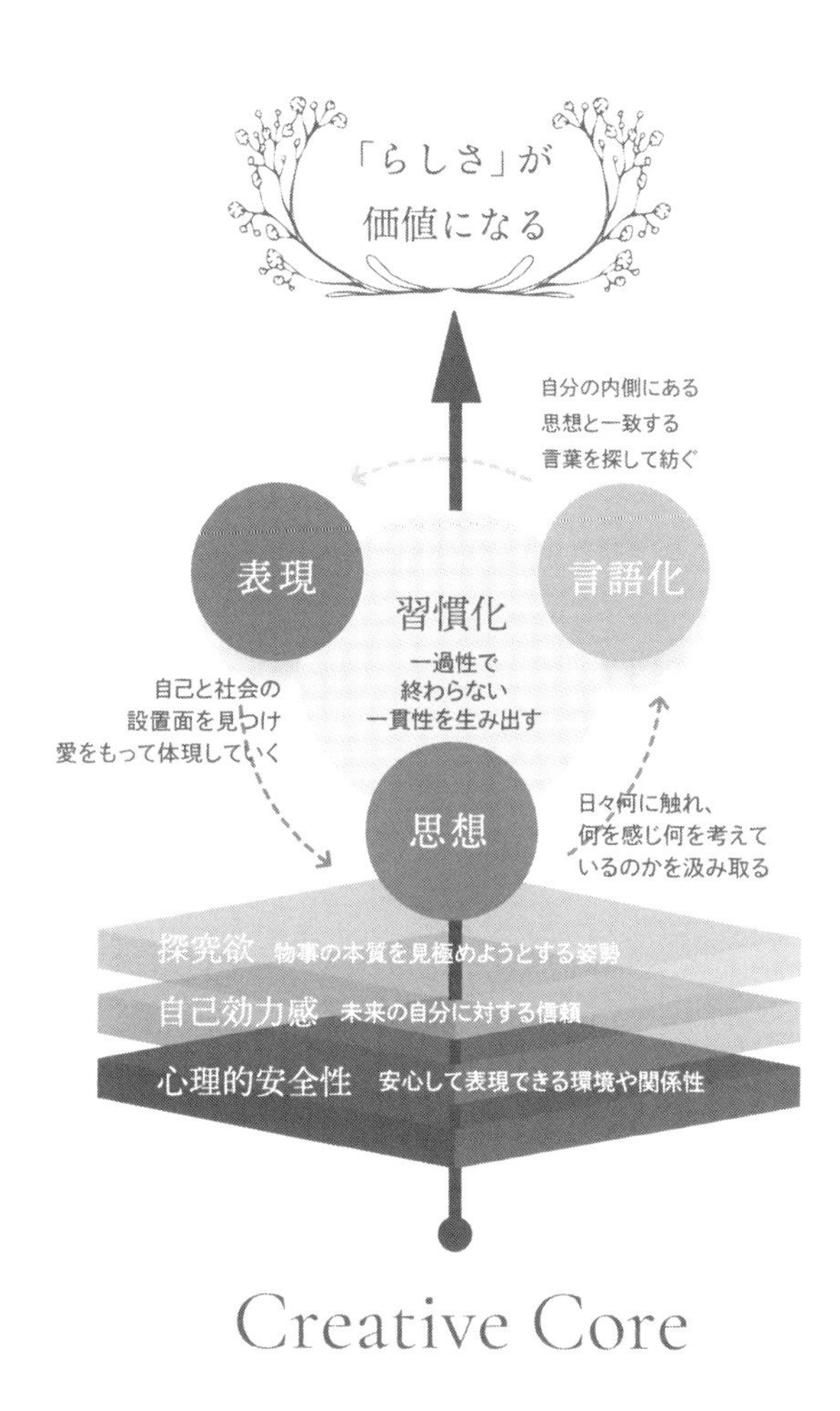

「irodori Branding」クレドのビジュアルイメージ

そして、**ビジョンもクレドも、時とともに見直す必要が出てきます。**

そのときはまた、メンバーで話し合いながら内容を洗練させていくといいでしょう。それがチームとして成長していくことなのだと思います。

第4章では、「キービジュアルがビジネスの原点を思い出させてくれる」というお話をしましたね。同じように、ビジョンやクレドを言語化し、目に見える形で表現したものはチームのメンバーに原点を伝えてくれるものにもなるのです。

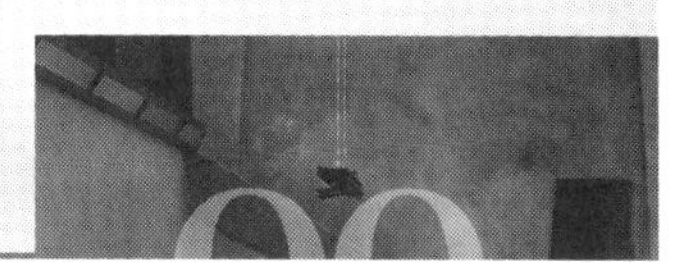

「irodori Branding」ホームページ

「自分らしさ」を忘れない

ビジネスは〝根っこ〟で増やす

私のクライアントのなかに、お料理教室、アロマの施術、コーチングと、いろいろなビジネスを手がけている方がいました。好奇心旺盛で器用な人なのでどれもしっかりこなせているのですが、周りからは「何をやっているのかよくわからない」と言われていたそうです。

そこで、「ダイエット」を入り口に事業を統一させることにしました。

「おいしく食べるほどきれいに痩せる、ダイエットのための料理教室」「減量したあとのボディメイクとしてのトリートメント」「ダイエットをストレスなく継続するためのコーチング」といった見せ方をしたのです。

その結果、ダイエットを入り口に一つのサービスを購入してくれたお客さまが、ほかのサービスも利用してくれるようになりました。

ビジネスが拡大し、チームも大きくなったら、新しい展開として違う事業に取り組むことも考えるかと思います。

そのときは、これまでのビジネスと〝根っこ〟をつなげることを心がけましょう。一見それぞれ違うビジネスに見えても、**「自分らしさの条件」に沿っているものであれば、大きく間違えることはありません。**

ただし、その根っこをお客さまに知ってもらう必要があります。第3章でも例に出しましたが、イタリアンレストランが急に「ラーメンもやります」と言い出すと、お客さまは混乱しますよね。

そこで「イタリア直輸入のデュラム・セモリナ粉のおいしさを知ってほしい。だから、その粉でオリジナルの麺を開発してラーメンの提供も始めました」といった〝想い〟をお客さまにもきちんと伝えれば、ブランドとしての一貫性が感じられます。

なぜその新事業に取り組むのか、自分のビジネスに通底する根っこの部分をお客さまにも

ちゃんと見せる。一貫した情緒価値を伝えることができれば、別の機能価値を持つ商品・サービスについても共感してくれるはずです。

ネガティブな気持ちがあるとき

ビジネスをするうえで一番心がけてほしいのは、「**どんなときも自分らしさを見失わない**」ということです。


「思うように売り上げが伸びないから、ビジネスを見直そう」

「お客さまからクレームがあったから、商品をつくり直そう」


こういうとき、多くの場合は**他人軸**が入り込んでしまっています。

その売り上げ目標は、自分にとって本当に適切なものでしょうか。周りと比較し、焦っているだけではないでしょうか。

クレームは真摯に受け止める必要がありますが、その改善策は「自分らしさ」を否定するものではないでしょうか。

他人軸で判断してしまうと、ビジネスはどんどん苦しいものになっていきます。

どうして自分はビジネスを始めようと思ったのか。
どんな人に喜んでもらいたいと思って始めた商品・サービスだったのか。

こうした「想い」を忘れずにいてください。

他人軸が入り込んでいるときの合図は、「**ざわざわとした不安**」です。自分軸で考えることができているときは、苦労はあっても不安は感じません。
マイナスの感情を感じたら、「他人軸が入ってきているかも」と考えてみましょう。ビジネスを見直す前に、自分の気持ちと向き合ってみることが大切なのです。

売り上げがすべてではない

自分軸を持とうとしても、どうしても売り上げが気になってしまうこともあるでしょう。とくに開業したばかりの場合、なかなかビジネスが軌道に乗らず、不安でいっぱいになってしまう人は多いはずです。

でも、売り上げの数字というのは物差しの1つにすぎません。ビジネスの本当の価値は、ブランディングをするなかで見えてくるものです。

「私たちは商品をつくっているのではなく、
お客さまの心の中に『価値』をつくっているのよ」

これは第1章の冒頭で紹介した、私がブランドマネージャーになってすぐのころ、当時の上司に言われた言葉です。

ブランドは想いが届いた1人の心の中に「価値」として存在します。

その想いが届いた一人ひとりの〝集合体〟が、社会や市場へのインパクトになる。だからこそ、一人ひとりの〝積み重ね〟であることを決して忘れてはいけません。

「私のための商品（サービス）だ」

こう感じてくれるたった1人から始まるのです。

自分がつくり上げた、自分だからつくれた価値を、誰かに必要とされ喜んで感謝される。

それこそが、ビジネスにおける究極の喜びではないでしょうか。

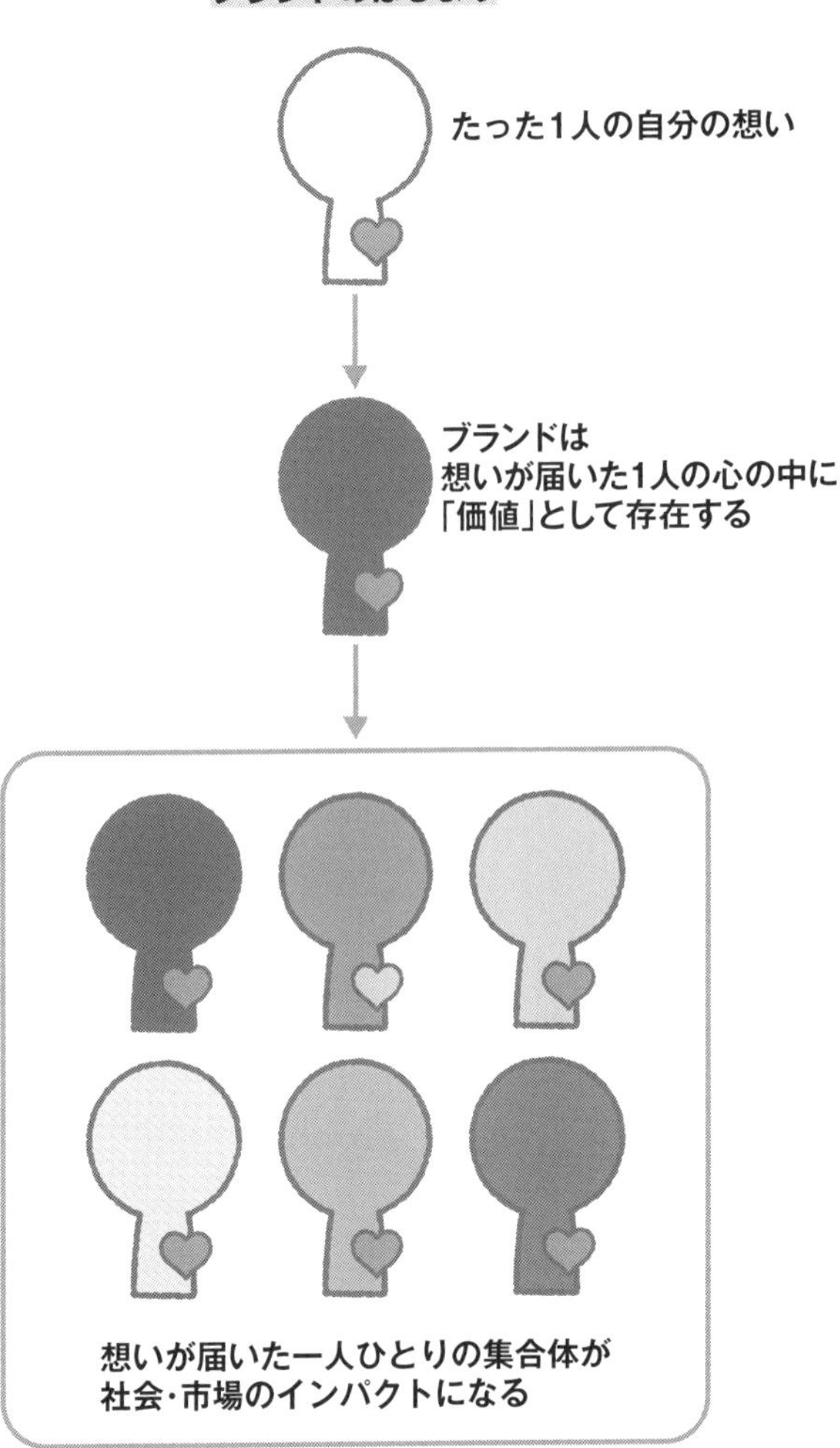
ブランドのはじまり
たった1人の自分の想い
ブランドは
想いが届いた1人の心の中に
「価値」として存在する
想いが届いた一人ひとりの集合体が
社会・市場のインパクトになる

でもその〝はじまり〟は、たった1人の「自分自身」から。

あなたの根底にある純粋な願いは何ですか？
それは高尚なものじゃなくていいのです。

その願いへ向けて、等身大の一歩として何から始めますか？

優劣を競う時代は終わり。
さあ、唯一無二の「自分らしさ」を解き放ちましょう！

第6章のポイント

- ●リピーターを増やすには、継続性のある商品・サービスを考える。
- ●新規の見込み客を増やすには、既存のお客さまへのヒアリングをしてWEB上で発信する。
- ●マンパワーに限界が来たら、単価や商品・サービスの内容を見直す。
- ●ある程度ビジネスが安定したら、「教えるビジネス」を行ってチームをつくる。
- ●売り上げは大切だけど、「自分らしさの条件」を見失ってはいけない。

CUSTOMER
TEAM

おわりに

本書では、「自分らしさ」という言葉を何度もお伝えしてきました。

私は、**すべての人が誰のものでもない一度きりの人生を幸せに生き、自分の人生の選択権をつかめるようになってほしい**と願っています。それはまさに、他人軸に左右されず、自分で決断できる人生です。


「この仕事は嫌々やっている。でも自分にはこれしかできないから、仕方ない」

「本当はやりたいことがあるけれど、周囲に反対されるから諦めよう」


こうした気持ちで生きていると、人生はどんどん苦しくなってしまいます。

私も、他人軸に振り回された時期がありました。子どものころから好奇心のまま自由に生きてきましたが、母親になったとき、世間や自分自身がつくった「こうあるべき」によって自分を縛ってしまったのです。

「いつも笑顔でいる、良いお母さんにならなきゃ」
「子どもをちゃんと育てなきゃ」
「子育てと仕事をきちんと両立しなきゃ」

こう思うこと自体は悪くないでしょう。

でも、私自身がそうしたいというより、ステレオタイプに囚われていました。今振り返ってみても、人生で一番苦しい時期だったように思います。

そんな私を突き動かしたのは「自分は今の自分が好きじゃない」という気持ちでした。

人から見てどうか、ではなく、自分が自分のことを好きと思えるかどうか。心に問いかけて「NO」が出たとき、変わることを強く決意したのです。

そして「自分が好きな自分とは？」を考えていく過程で見えてきたのが、「自分らしさの条件」です。

自分の「価値観」と一致した、自分の「得意なこと」を活かして仕事をする喜び。人は自分らしくいられているときに、ありのままの自分を愛し、未来の自分に対する信頼といった「自己効力感」が生まれ、挑戦意欲や創造性が高まるのだと身をもって実感しました。

その一方で、「**他者承認**」が満たされることの喜びもあります。ビジネスでもプライベートでも、人は誰かの役に立つことで幸せを感じるものです。

これも素晴らしいものではあるのですが、「あの人が喜ぶために」「あの人に受け入れてもらうために」と誰かのために生きることだけを追求すると、次第に自分が消えていってしまいます。

では、どうすればいいのでしょうか。

本書を書き上げるなかで、その答えが見えてきたように思います。それは、**自分らしくいることで、誰かの役に立つということ**。

自分だからできることがある。

自分だから持てる役割がある。
自分だからいられる場所がある。
自分だから伝えられるメッセージがある。
「自分らしさ」を活かすことで、笑ってくれる人がいる。
もう、怖いものはありません。

本書でお伝えしたメソッドは、サントリーでの仕事を通して学んだこと、そして起業して道を切り拓くなかで学んだことをベースにしたものです。

誇れる実績よりも、派手に転んだ失敗の記憶が色濃い会社人生でした。「やってみなはれ」の精神でたくさんのチャレンジをさせてくれたサントリーには、本当に感謝しています。

また、ブランドとは何か、愛を持って一から教えてくださった上司や先輩たちにも、改めて感謝の気持ちでいっぱいです。尊敬するその背中を「私もこんなふうになりたい！」と追いかけていたからこそ、今があります。

そして、私を信じてナチュラル・ブランディングを受講してくださったクライアントさんや、想いを共にできるチームのメンバーがいたからこそ、ここまでやってこれました。

出会ってくださった、すべての方に感謝しています。

本書を書き上げて思うことは、やはり「自分らしさ」は「自分がこれまでにやってきたこと」のなかに眠っているのだということ。

それが開花するタイミングは人それぞれですが、今目の前で頑張っていることは必ず、未来へ、そして「自分らしさ」へとつながっています。

だからこそ、「自分に何ができるのだろう」と迷うときも、今を全力で生きることがすべてではないかなと思うのです。人も商品もサービスも、生まれたものには、必ず意味がある。そのことを信じて。

最後になりましたが、本書は2021年に刊行した『「個人」「小さな会社」こそ、ブランディングで全部うまくいく』(総合法令出版)に大幅に加筆・修正を加えて、よりわかりやすい内容にアップデートしました。

流行りに左右されない本質的で実践的な内容をお伝えするということを大事に日々

ブランディングの仕事をしているので、発売から4年経ち、基本骨子は変わらずともブラッシュアップして再発売できることは、新しい書籍を出すよりもうれしいことでした。

本書の刊行にあたってサポートくださった編集者の鈴木遥賀さん、本当にありがとうございました。

2021年の出版後、私自身もさらに「自分らしさ」を追求し、山梨県北杜市へ家族で移住するといったライフシフトも経験しました。

この先の人生も、まだまだ未知のチャレンジが続きそうです。私自身の「自分らしさ」のアップデートも楽しんでいきたいと思います。

2025年2月

村本彩

参考文献

■書籍

・梅田悟司『「言葉にできる」は武器になる。』（日経ＢＰ）

・桶谷功『インサイト』（ダイヤモンド社）

・桶谷功『「思わず買ってしまう」心のスイッチを見つけるためのインサイト実践トレーニング』（ダイヤモンド社）

■ＷＥＢサイト

・『KARTE CX VOX「バルミューダの家電を通した『いい暮らしの体験』」by J-WAVE TOKYO MORNING RADIO』ＸＤ編集部（https://exp-d.com/culture/radio/7423/）

・『ストーリー｜BALMUDA The Toaster｜バルミューダ』BALMUDA（https://www.balmuda.com/jp/toaster/story）

・『世界で１番おいしい煮卵の作り方』はらぺこグリズリーの料理ブログ（https://cheap-delicious.hatenablog.com/entry/2014/10/14/170133）

読者限定プレゼント

第４章で紹介した

- ・ブランドシート
- ・ムードボード

のワークシートを下記サイトにて配布いたします。
あなたのビジネスの「価値」を高めるためにお役立てください！

https://irodori-branding.com/bookpresent/

※プレゼントは予告なく終了する場合があります。
※本データは irodori Branding（株）が提供しています。総合法令出版ではデータのダウンロード方法、ワークシートの使用方法についてはお答えできません。
【お問い合わせ】https://irodori-branding.com/contact/

村本彩（むらもと・あや）

ブランドプロデューサー　irodori Branding 株式会社 代表

1982 年福岡県生まれ。九州大学経済学部卒業後、サントリー株式会社（現サントリーHD）入社。営業を経たのち、マーケティング部門に異動。ブランドマネージャーとしてビール・チューハイ・リキュールなどの新商品開発、マーケティング戦略に携わる。開発・担当した商品は約 10 年間で 100 以上。品質だけでは差別化が難しい時代に、商品の個性を際立たせることでヒット商品をつくり上げてきた。
2018 年に独立起業。社員やパートナーメンバーとともに、個人起業家や中小企業の経営者などのコンサルティングを行う。サービスの特徴は、ブランディングのサポートを通じ、ビジネスの本質的な課題を解決すること。既存の概念に囚われない自由な発想力と、アイデアで終わらせない具体的な戦略立案・実行力により、3 年連続で年商 1 億を超える実績と 1000 名以上の顧客からの支持を得ている。プライベートでは 2 児の母。

irodori Branding 株式会社　公式ホームページ
https://irodori-branding.com/

ブックデザイン・図表（P79、84、163）：木村勉
DTP・図表：横内俊彦
イラスト：mutsumi
校正：菅波さえ子

価値づくりの教科書
個人・小さな会社のためのブランディング

2025年2月20日　初版発行

著　者　村本彩
発行者　野村直克
発行所　総合法令出版株式会社
〒103-0001 東京都中央区日本橋小伝馬町15-18
EDGE小伝馬町ビル9階
電話　03-5623-5121
印刷・製本　中央精版印刷株式会社

落丁・乱丁本はお取替えいたします。

ISBN 978-4-86280-981-0
総合法令出版ホームページ　http://www.horei.com/